Building Block

北京上河卓远文化传播有限公司 出品

积木书

赵松 著

河南大学出版社
HENAN UNIVERSITY PRESS

图书在版编目（CIP）数据

积木书 / 赵松著 . — 郑州 : 河南大学出版社，
2016.12
ISBN 978-7-5649-2651-9

Ⅰ. ①积… Ⅱ. ①赵… Ⅲ. ①中篇小说 - 小说集 - 中国 - 当代②短篇小说 - 小说集 - 中国 - 当代 Ⅳ. ① I247.7

中国版本图书馆 CIP 数据核字 (2017) 第 003987 号

积木书
作　　者　赵　松
责任编辑　刘淑颖
责任校对　乐　华
封面设计　郑元柏

出　版　河南大学出版社
地址 : 郑州市郑东新区商务外环中华大厦 2401 号　邮编 : 450046
电话 : 0371–86059701（营销部）　网址 : www. hupress.com
制　作　北京大观世纪文化传媒有限公司
印　刷　河南省瑞光印务股份有限公司
版　次　2017 年 4 月第 1 版　　印　次　2017 年 4 月第 1 次印刷
开　本　889mm × 1194mm　1/32　　印　张　9.875
字　数　205 千字　　定　价　38.00 元

陌生人

……陌生人，可是都有熟悉的面孔，就像你从出租车里钻出，在那些陌生的高大建筑下茫然四顾时忽然闻到空气弥漫的麻椒香味。被时间过度催熟的脸，没了原形，也没有新的定形，但你又不能称之为过渡中的脸，你知道，它们的最终定型还要很久，或许就是它们的主人瞑目而去时。那个时刻到来之前，它们将始终处于缓慢变形的状态，正如身体所经历的。看上去都红润而柔软，还有些松弛的迹象，但还不至于失控，不会因某种莫名冲动或突然降临的挫败而崩溃，这说明它们的角质层里已累积了足够的经验，这种累积在眼部表现得尤为明显，无论如何，他们的眼睛比以往任何时候都小，还会更小……或许，你也可以将这理解为习惯性眯起，为聚拢光线，为更好地审视眼前的世界。只是你会发现，其中的光泽是混浊的，而亮度也会随时发生变异。那只是他们留在世界上的前哨，貌似随意，实则充满警惕。他们还活着。这哨所可以搜集同类的信息与迹象，他们会将这种活着概括为还能保持些饥饿感和新鲜感的状态。但也知道，这是难的，难过以往任何事。所以，要慢下来，慢慢地，留在某些偶然发现的过程里，再慢一些。其间，有个黑瘦的男人，始终都没说什么，只是有些拘谨地听着，没有任何表情，整个人都像个暗淡无光的木雕。直到最后离开时，都没有人介绍他到底是什么人，也没有几个人真正注意到他的在场。他拘谨而客气地跟每个人握手道别，每个人，当然是右手，又瘦又硬，湿冷，像被火熏黑的木头浸过冷水，其实，整个人都像。

失眠症

……或许不会有人像他那样谈论聊斋里的人物，在那种慢慢清醒的过程中。他其实并不知道该如何描述之前的梦境。女妖们唱着歌跳着舞就从那些狼藉的水果深处浮现了，穿着黑色的衣裙，没有人能听懂她们究竟在唱着什么又说些什么，她们像蛇似的吐露细长的舌头，展示着左右随意翻转的技艺，甚至扭转出令人惊异的造型，就像传说的那样，她们的眼光锐利而诡异，变幻无常，时而动人，时而虚无，与此相应的是那些魔咒般的低吟，驱使着无数各色光线不断交织动荡，在这暗夜里生成种种涡流，慢慢卷集一切，能将那些还沾着水珠的水果变成丑陋的石头，能将发呆的人们变成鸡或是猪，她们将那些石头重新切开，再现的是汁水溢出的果肉，她们就用果肉擦洗那些动物的脸，还有身体，她们笑着反复吟唱，就像深处寂静的山林，远处不再回响，那些动物在她们的触摸下逐渐褪去毛层，渐渐微缩，直到变成初生婴儿的样子。当她们要把死亡的印迹留在那些婴儿般的躯体上时，她们的脸也在发生着奇怪的变化，忽然年轻，忽然衰老，她们不时地洗着手，相视漠然……这时候，幸亏有人长叹一声，在路口敲起了钟，在那悠长而沉重的钟声里，她们四散而去，就仿佛什么都没有发生过一样，让身后的一切在突现的清晨微光里迅速地恢复了原形。他讲完这个梦，别人已睡着了。他听到了外面的鸟声。那些细微的光似乎就是从它们的喉咙里一点点一簇簇地透露出来的吧。从那以后，他就再也没有做过任何梦。在每个夜晚里他都无比清醒，他明白了，这就是人们通常所说的失眠症。

表妹

……有一天晚上，他忽然对她说，有个表妹，要过来家里暂住。她从没听他提起过还有这么个表妹。他说表妹最近遭遇很不好，刚离了婚，又辞了职，跟家里父母也闹翻了。但表妹是个营销高手，刚好可以过来帮他打理艰难起步中的生意。本来她是坚决反对的，但听他反复这么一说，也只好答应了。表妹是个样貌平常的女人，二十六岁。给人的第一印象，就是冷，总是一副面无表情的样子。平时话也不多，怎么都看不出会是个擅长交际和营销的人。表妹就住在他们家的客房里，每天早出晚归，晚上吃了饭就躲回自己的房间，关上门，在里面跟人打很久的电话。她呢，是个秀气的女人，跟他同居一年多了，过得一直都很恩爱。他对她向来是言听计从，只有让表妹住到家里这件事，他是自己做了回主。有天下班回家，她开了门时，看到他跟表妹都在客厅里，挨坐在沙发上，同时回头看着她，表情都有些不自然。她就生气了。很生气。他很耐心地跟她解释，他们只是在聊天，真的没什么的。她想了想，也觉得不大可能会有什么，他怎么会喜欢表妹这样一个冷冰冰貌不出众的女人呢？而且，表妹跟前夫还是时有联络的。不过从那以后，表妹就经常会待在客厅里，不再像以前那样吃过晚饭就回房间了。三个人坐在客厅里时，她是不说什么的，只是看电视。他跟表妹会聊很长时间，东南西北的，无所不聊。这个时候表妹的神情倒是轻松的，看不到平时那种莫名的冷。真正让她崩溃的，是某个周末的下午，她给他打了很多遍电话，他都没接，也没在公司，失踪了似的。她就打车回了家。他的手机在沙发上。他的裤子、钱包、笔记本包，都放在了门边地板上。她就坐在沙发上，默默地等，也不开灯。表妹的房门是关着的。过了一个多小时，门开了，表妹慵懒地从里面走了出来，随手半掩了门，但并没关上。表妹边慢慢地梳弄着散开的头发，边坐到她的对面沙发上，闭着眼睛待了一会儿。她感觉自己浑身上的骨头关节都在隐隐作痛。她默默注视着眼前这个陌生女人，直到这人睁开眼睛之前，她都觉得自己仿佛得了失语症。她问她，知道不知道你哥去哪了？不知道啊。可是很奇怪，他的东西都在呢。不知道，我一直在房间里待着了，没听到有人回来。表妹平静地看着她，就像在看一位莫名其妙前来求助的不速之客。一个小时就这么过去了。她表情黯然地离开了家。半小时后，她回来了。他坐在她原来坐的位置上，正在平静地跟表妹聊着公司里的业务问题。过了两天，他同意了她的要求，让表妹搬了出去。但他不同意让表妹离开公司，因为表妹确实帮了他很多忙。他对她依然很好。他们仍旧过着跟以前差不多一样的恩爱生活。她再也没见到过那个表妹。只是偶尔从他那漏音的手机里，听到表妹的那种特别随意的声音。有时他还会语重心长地对她说，你不知道，表妹其实是个很幽默的人……

积木书

……离家太远了，又这么晚，他只能就近投宿。那些弯曲而寂静的街道都很熟悉。看不到路牌。那些扭曲的梧桐在幽亮的灯光里显露出某种湿润的色泽。那些偶尔疾驰而过的车辆都有些闪烁，就像忽然变大的发光昆虫，发着嗡嗡的振翅声，转瞬即逝，在空气里留下几缕古怪的微苦略涩的气息，它们在前面一转弯就变成了星星，还在变化的瞬间抖落下几抹柔腻薄粉，闪着荧光，浮动在半空中。他推开那道铁栅栏门，一个幽暗的巷子。在底部的那幢小楼顶层，住着一位患有失眠症的友人。这时候，友人通常都是在按时玩着积木游戏。那个房间里堆满了各种类型的积木。最近友人喜欢玩一种极为微小的积木，需要借助高倍放大镜和最纤细的镊子才能玩下去。友人开了门，让手机的微光照着楼梯，木台阶在脚下沉闷地响动。他疲倦地点了支烟，坐在一旁，看着友人继续玩放大镜下的积木。只是偶尔说几句话。说到忽然变冷的天气，真是令人沮丧和局促，温度这样降低，会让人失去愿望。说到某位朋友最近得了梦游症，以至于家人不得不在天黑时就将他反锁在房间里，在最近的几封邮件中，他忧郁地描述了自己反复梦到被人恶意囚禁的生活。后来，友人还说起正在写的一本书，就是关于如何玩积木的，他搜集了古往今来的所有关于积木的资料，做了系统深入的研究，主要线索甚至涉及宗教的变迁与某些艺术风格的转变之间的隐秘关系，他要把这本书献给某位远方的姑娘，她怕冷，怕风，平时以种花为生。

路口

……在路口那里等着的，是个幽灵般的人。他坐在出租车里，手搭着方向盘，眼神迷离，半梦半醒，倒是跟这午夜时分非常地契合。他的脸有三分之一被外面隐藏在繁密树冠里的街灯投射来的淡金色微光染亮，有些扭曲，仿佛漂浮中的一块形状不规则的塑料泡沫。他的车里有两个小宠物，一个是蛐蛐，一个是蝈蝈，后者就放在他左前方的挡风玻璃下的那一角，而前者则看不到在哪里藏着。它们都在叫着，各占一个声部。这样不会困么？不会。他说"不会"的时候，脸部轻微抽动了一下。应该在挡风玻璃下面种上一片草，这样开着车窗时，风吹进来，闻着草的味道，再听着它们的叫声，就会觉得自己是一直在郊外行驶呢。听了这话，他忍不住笑了笑，没有答话。听着它们的单调叫声，是不是有些人眼里会升起雾呢？然后睡意就漫了过来，随着眨动的眼睛不断地浮现、变浓，又不断地脱落，像黑夜的碎片，像一簇簇绒毛，落到下面，就变成了粉末，慢慢地累积，直到把整个的你都埋没。

D&E

……那时候，我们，六个年轻的、半年轻的、不年轻的男人，差不多都爱上了她。只有我们的头儿老 W 对她毫无反应，但对她始终都很客气。他跟谁都很客气，永远客气。以至于有的时候，这种客气会让我们不由自主地有些忧郁。她初次现身，是我们园区的第一个艺术展的开幕酒会上。男人们都不看作品，眼光都随着她的身影四处转悠。她是开了辆奔驰来的，当然，后来她老公也来了，一个瘦瘦的面无表情的中年男人。老 W 不能理解的是，她为什么每次都要穿得那么露？即使是天气冷了，她也还是如此。她喜欢。我们也喜欢。有时我们叫她阿 D，偶尔也会叫她阿 E。因为她的中文名字中间那个字是"得"，可我们偏偏喜欢拆开了用。就为这事，老 W 觉得我们都已接近于病态了，还在不断加重。碰到我们从她那里出来的时候，他经常忍不住指着自己的脑袋，无奈地晃晃头。后来，她干脆就搬到了艺术中心里住，整整搬了三天家，谁也弄不清楚她到底有多少东西。光是鞋盒子，就有六百多个。要知道，我们这些艺术家平时是不住在这里的，只有做展览，或是喝茶闲聊时，才来这里。到了晚上，整个园区里是漆黑一片，连个人影都看不到。她的住处，就成了我们的中心。经常开会都在她那里。老 W 开始时还没觉得有什么不妥，后来发现，凡是他有什么动议的时候，我们都会不自觉地回头看她的表情。似乎她点头，我们就会同意。老 W 私下里说，你们这帮混球，看来是被她洗过脑了。没办法，我们喜欢她。当然，她是个艺术家。她不认为自己是，但我们坚持认为她就是。我们每到周末，就会到她那里聚会，然后喝个通宵，清晨再离开。她老公跟她分居以后，我们甚至醉了就直接睡在她的客厅里，沙发上，或者地板上，甚至是在那个粗糙而又宽敞的阳台上。我们迷恋她的身体。仿佛那就是整个世界的火源。而她呢，却似乎对自己的一切都毫不在意。她喜欢我们这些人。喜欢让我们为她而忙碌。有几次深夜里，我们醉倒在她的客厅里时，她甚至冲完凉就直接光着身子穿过客厅，从容自若地走回到自己的卧室里。我们都觉得这是个幻觉。她喜欢随意找什么材料做作品，好像没什么东西不可以用。比如说她会让人把一百多双各式各样的高跟鞋悬挂在客厅里，我们要走动的话，就只能在它们之间穿行。再后来，老 W 忽然失踪了。一点消息都没有。过了一个多月，他又出现了。是下午，他跟她关上门聊了三个小时。次日我们才知道，他要给她在我们的艺术空间里做一个大型个展。她答应了。一个月后，展览如期开幕。来了很多很多的人。她就像个女王一样光彩照人，穿着那种极其暴露的前后都敞开得很低的海蓝色长裙。我们和很多人一道开车去了海边的一家超豪华酒店，庆祝这次个展开幕。当然都喝醉了，完全不知道怎么回家的。隔了两天，我们才知道，她在开幕的第二天就搬走了，所有的东西，都搬走了，包括那些高跟鞋。

不想

……不想入睡的孩子，九岁，或是十岁？她反复地扎起自己的头发，再解散开，就这样一直玩到午夜来临。她甚至忍不住把练舞鞋也穿上了，而当客人们要她跳个舞时，她又放弃了，看着他们费劲地把搬开的茶几又搬了回来，她笑个不停。她的脸蛋比红苹果还要红。这些人她都不认识，他们在那里有说有笑，比电视剧里的场面要热闹得多，可是爸爸非要她尽快上床睡觉。因为他们都在抽着烟。其实她只是想多看一会儿这些陌生人，并不是要听他们在说什么，也不想知道他们为什么会忽然笑起来，或者，她只是喜欢看到父亲在他们中的那种样子？她想留在这里，什么都不说也可以，怎么都行，她实在是毫无困意。她仿佛能看到另一个自己，马上就可以飞起来……其实她根本不想趴在床上折叠纸房子，尽管那个温柔的姐姐很耐心地问过一位叔叔折叠的方法，然后再耐心地教她，她只是想找个不睡的理由，时不时地透过门缝看到外面，看到灯光里的那些人，他们的脸上都是油光闪闪的。

消息

……这个消息，这个细节，他显然没有料到。他的表情忽然凝固了，眼睛略微张大了一点，马上又眯缝了一下，以便掩饰这种意外的变化，恢复正常的状态。但这还只是第一波。随后来的，是一种笑的欲望，从心里迅速膨胀到血肉里，随着血液和神经电流向四肢百脉漫延开去，就像不可阻挡的洪流……一个难以克制的笑立刻就要发生了，他意识到必须制止这个动作，在得知老对手遭受挫折时的表情自己竟然会忍不住要笑出来，恐怕没有比这更尴尬的了吧，这是没有风度的表现，哪怕只是沉默着出神，也远比这样轻率地笑起来不知道要好过多少倍。他动用了全部力量来终止这个笑的动作，不让它出现在脸上，哪怕是一丝一毫也不要有。从某种程度上说，他几乎做到了，而从旁观的角度来看，则是个复杂而又微妙的局面：任何运动的东西都有着物理意义上的惯性，所以你根本无法在一瞬间里一下子就终止它的运动……于是反映到他的面部肌肉中的情况就是这样的，它们在不经意间已发生了一次又一次的轻微抽动，要是你的眼睛足够敏锐，足以看出最轻微的颜色变化，那你就能看到他的脸部皮肤其实是慢慢趋向于发红的……这个场景，让人联想到安装在高楼顶端四角的那种用来防止飞机碰撞的红灯，在夜色里，它们总是缓慢闪烁着，一亮一灭，一灭一亮。

说话

……下雪前一天，他搬到了这里。随身带着的，除了那些绘画用具和一些日常用品，就是三十六本书。看上去有点像个船舱的工作室里，四处透着寒气，待上一会儿就觉得冷得透心。可他并不在乎，至少是他说他不在乎这些。他要在这样的环境下把那些书逐本读过。几个星期之前，医生告诉他有必要停止工作，只能休息，否则的话他的身体随时都会出问题。不是哪个部位，也不是哪个器官，是任何一个部位和任何一个器官。他自嘲地笑着告诉我们，唯一没有坏的地方是那里，因为早已无用多时了。他喜欢说话。随你抛给他任何一个话题，他都能轻松地谈上个把小时，直到新的话题出现。一个年轻人有些惭愧地告诉他，某天您在某处举办的艺术讲座，我有事没能去成。他立即将那天讲座的内容完整地复述给年轻人，整整用了一个半小时，只比做讲座花费的时间少了不到二十分钟。他生在上海，工作在香港，后来在澳大利亚定居，据说他家院子外面就是海滩。那里的每户人家都拥有自己的沙滩。

借车

……他没有车。他喜欢跟朋友或者同事借车开。起初，他只是在有急事要办时才会借车，后来发展到回一百公里以外的老家也要借车，再往后，就是深夜里也会毫无目的地借车，开出去很久再回来。在大家眼里，他每次借车出行的公里数都要明显比上一次多出很多。而且不管怎么样，他从来都不会在回来之后为车加上油，更不用说把车洗干净了。就像对自己的车一样，他只是把它重新放回到原来的位置，然后抽空把车钥匙还给主人。实际上，这里已没人愿把车借给他了，但也没有人真正拒绝他一次。于是他们先后学会了一个办法，就是在他把车送回来的时候，去仔细看看里程表和油量表，然后再把行驶的公里数和耗油量轻声地告诉他。可他并不在意这些。他喜欢跟朋友们分享一切，因此从没觉得这是个问题。早在一年半之前，他还是个职业司机，给单位里最大的领导开车。

到目前为止，他都没能适应没有车的日子。有人担心将来会出现这样的情况：某天他会借某人的车，开出去，再也不回来了。

描写

……他在门外垃圾桶旁的下水道口那里撒了泡尿。倾着头，他看着外面高处的强光灯把院子里的积雪照得金灿灿亮晃晃的，听着自己的尿声，感觉过了很长时间。雪的表面都冻硬了。但他始终没想好到底应该如何描写这样的场景。他不像她那样执着地观察每个细节，她在短信里告诉他，我正在雪地里散步，很湿润的雪，没过了脚面，还在下。她描述着雪地里的景象。那里有麻雀成群飞起，它们飞离树冠时，很多树枝轻微地反弹着，抖落很多极细小的雪花粉末。实际上她用了很多形容词。这很危险，他提醒她，无论如何都要删去那些形容词，要用最朴素的方式描述。他还告诉她，不要想当然地轻率歪曲事实，下雪怎么可能是有预谋的事呢？最后，他补充道，永远不要企图把自己的感觉包裹在事物的表面。这是黄昏或傍晚时的事。天色完全黑下来后，他又来到了外面。站在树丛跟草坪之间，他仔细观察着散落着淡金色灯光的雪地。他俯身，握了团雪，站直了腰身，感觉着它在手里慢慢地融化。她的最后一条短信是午夜之前到的，只有三个字：还有么？他想了想，回复道：不要混入那些声音刺耳的字……

妈妈

……他六十几岁了。不笑的时候，他的眼睛、鼻子怎么看都很像老鹰。那天晚上，他对着电话低声说了很久。最后结束时，他微笑着，对着听筒模仿小男孩的声音说：妈妈，妈妈，妈妈。要是离开他稍微远一点，就会无法听清他在说什么。他的神态真的就像个小男孩似的。就这样他反复呼唤了好几遍。听筒里传来的，是年轻姑娘的清亮欢快的声音。在电话的另一端，也是地球的另一面，正处在正午。那边也在下雪，寒风很是强烈。她独自一人，慢慢地走在一条安静狭窄的步行街上。看不到行人。她要到两个月后才能回来看他。而他并没有告诉她，此时自己正在发着烧，皮肤上有很多斑点，它们在不由自主地颤动着，伴随着轻微的刺痛感，腿上以及手臂上的肌肉也有些酸痛。后来，他在房间里慢慢地走了一会儿，停在了空调下面，仰起头，闭上眼，对着风的出口，可是怎么都感觉不到那暖风的温度。

地平线

……他终于还是被手机铃声叫醒了。黑暗里，手机屏幕又黑了。那边传过来的声音，显然是醉后的，不用细听，就知道是谁。几乎是大叫着说话，怕他听不清似的：起来……外面……看外面……非常……漂……亮……天红了……快过来……我们马上……就去……找个能看……地的……地方……。他开了台灯，才四点钟。他探身掀开窗帘的一角，发现外面果然是天色有些发红的，不知何故。关了手机，他想继续睡，又睡不着了。他是两点多才躺下的。就知道他们不会放过他，一定会打电话叫醒他的。在黑暗中坐着，窗帘缝隙里透着一道微红的光线。好像有些虫子在脑子里飞舞，发出嗡嗡的低声。在那边，其实是两个人，刚喝过酒，都醉了。他们勾搭着肩膀，晃到大门外，叫了辆出租车，就钻了进去。司机问他们去哪儿，他们说，地平线！司机侧歪着身子，琢磨了一下，北京这地方我熟着呢，可没听说有地平县啊？还好，他们还能听得清司机的疑问，及时修改了地址：哦，是能看得见地平线的地方，哪儿都行。第二天，午后一点多，他们醒了。发现自己躺在草丛里。在野外。都想不起来究竟是怎么到这里的了。定下神来，他们摸了摸自己的钱包，其中的一个里夹着一张凌晨五点左右的出租车票，还有找的零钱。仔细观察一下周围的场景之后，他们认出来了，这是在郊外的机场附近。没错，这里的视野很开阔，站在这里，往远处望去，确实是能看到地平线的。

微笑

……他酒量一般，但喜欢喝。喝醉了，也不闹，不多话，就喜欢坐在那里微笑，不声不响的。他为人热情，向来乐于跟朋友在一起喝酒，自己喝不动了，醉了，就跟大家打个招呼，打车回去了。其实他不是不想陪着大家，但在微笑中睡意会迅速袭来，让他睁不开眼，他也不想在大家面前坐着睡去。那天就是这样的情形，他的眼睛开始眯缝起来了，微笑也到了模糊的地步，有人就提醒他，先回去吧。他点了点头，略睁了睁眼睛，跟在座的每个人都认真地点了点头，然后慢慢地走了出去。他在酒店门口，站了一会儿，看了看手表，然后发了个短信。这时候，一辆出租车停在了路边，他晃了过去，拉开车门，然后关上。晚上，这样寂静的时候。用力地关车门，声音回响会传得很远。咕哝着说出地址之后，他想终于可以一个人动也不用动地安稳睡觉了。一个多小时之后，大家喝完了酒，从酒店里出来，发现他坐在马路沿上，睡着了，面带微笑。

风

……外面的天色，灰白而寂静。他把那些书重新理了一番，也没找到那本。那个位置上没它的影子，其他可能的地方也没有。不是个好消息。这不是一本普通的书，而是装着神秘咒语的魔力之书。现在他知道它已不在自己能量所及的范围内了。不过在此之前，他也只是刚刚知道这个秘密，关于这本书，关于那些魔法咒语。他还是觉得这有些不可思议，超乎想象，想到这里，他甚至开始对它有些厌恶了，不，不只是厌恶，还有些恶心。他憎恶这种毫无道理就变得反常的东西。这时候，忽然刮起了风，很大的风，从半掩的窗口涌进了屋子，整个空间都为之震动起来，似乎这里的一切马上就有可能变成灰尘，他自己，他的那些书，还有那些各种各样的东西。他知道这风是那本失踪的书扇动起来的。他厌恶地走到窗前，冷静地抬起那扇窗户的临时固定杆，慢慢地关上了它。还是有风在钻进来。原来是上面的通气窗开了道缝。他伸手关严了它。风从窗户的接缝里渗透进来，把手伸过去，会觉得有点像笔记本电脑散热口排气时的感觉，有点温吞的风，正在渗入。外面整个世界都变成了动荡晕眩的灰白色调，隐约地有很多形状并不规则的碎片被尘埃涡旋裹挟着缓慢地上下左右浮动着。他拉上窗帘，然后打开了台灯，继续看床头的那本灰色的书，里面夹着书签的那一页的中间一句，是这样写的：它在外面，就会变成风。

鸟

……飞机仰起头，离开地平线，探入了空中，然后就静止了，停在了那里。这是怎么回事呢？他忍不住侧过头去，透过车窗，仔细看了看旁边那些流动中的远近景物，它们都跟刚才一样，继续摇摆颤动着各自的轮廓，在空气里微妙地划出数不尽的律动中的波纹线，可是飞机却停在了那里，就在离道路尽头处的地面不过十几米高的地方，而他们的车子正迅速地向它驶去。它就那么无声无息地在那里等着。这是下午，空气干爽明净，阳光平和得令人可以惬意地出神……公路就像是柔软的带子，而车辆在它上面轻轻地波动，轻飘得像粒灰尘，偶然跃动的时候，似乎还会跟鸟的叫声节奏相符，很偶然的，当然鸟并不在附近，而是在看不到的地方，那种喉咙里藏着金属小笛的鸟，它们总是喜欢把巢搭在工厂车间的屋檐下面，甚至是水泥柱子上的孔穴里。

男孩

……那个男孩把几十个恐龙摆在了沙发上。从沙发靠背到座位上，都有恐龙在成群结队，不同种类的大小各异的恐龙，在默默地听从他的摆布。他四岁了。临近午夜时，他还没有睡意，但有了新的要求，那就是你们大家都回到自己的房间里去，不要在这里看着他和他的恐龙，他要给它们安排新的活动，而这是不需要别人看着的。然后，门都关上了。过了一会儿，就听见他一个人在唱着什么。后来，有只不大的老鼠从高高的走线管上摔了下来，他并没有看到它，也没有发现它艰难地钻到沙发后面，莫名其妙地钻进了一只满是褶皱的大塑料袋里，完全被搞昏了头，它小心地挣扎着，可是好半天也没有脱身出来，整个房间里都能听得到它发出的哗啦哗啦的低响。男孩站起来，走过去，低头看着塑料袋里的老鼠，过了一会儿，他抬起左脚，慢慢踩了上去，直到它不再动弹。

打牌

……五个男人在一起打牌。很小的赌注，玩了整个晚上，也还只是很小的输赢。他们不时地发出笑声。隔壁的黑暗中，有两个人一直在听着他们打牌时发出的种种声音，每个人的声音都能辨别出来……后来他们开了灯，重新来到那几幅正在进行中的油画面前，终于发现了画面上的一些多余的东西……是破碎的，却又没有隐没的某种颜色，它是不确定的，其中一位认为，是因为那个画面实际上是个诸相裂解与重聚的双重起点。另一位听着，没有说话，注视着画面的细部，也可能只是做出那种凝视的样子。后来说话的那位去睡了。他还在盯着画面看着。他听到他们在笑。然后又突然没有了任何声音。他看着，某个点。可是怎么也想不起刚才那人说过的那句古怪而又令人费解的话。他也不可能跑过去敲开门，问一下到底是怎么说的。凌晨四点多，他们结束了牌局。他能听见他们起身推开椅子，然后穿好衣服，带上各自的包，轻轻地关上门。坐电梯下了楼，他们钻进车里，重重地关上车门，呼的一声，然后发动了车，离开了。

他们

……他们来到地铁站里，犹豫了几分钟，然后重又返回到地面，慢慢地走到一里外的那个公园里，不声不响地散步。有个人，瘦高的个子，面无表情地站在树林边上，悠闲地抽着烟。后来，他来到了他们附近。他们停在了那里，动也不动地各自看着什么地方。有只野猫，从草丛里悄然闪现，晃动着柔软的腰身，顺着花坛的边上走着，然后随意地那么一转弯，就不见了。他们在那里站了十多分钟。他在离他们只有三米远的地方站着，双手揣在夹克衫的兜里。他的头发是厚密而有些卷曲的。后来，在他离他们只有不到一米远的时候，那个男人下意识地转过头来，看到了那个人，像个雕塑似的，有些夸张地侧歪着身子，一只手臂弯曲着停在那里，不知道是在伸开中还是在收回中……他的表情非常地安静，仿佛梦游者，眼睛眯缝着，正在着迷地看着不远处的那些偶尔会有枯叶坠落的树。他们各自点了根烟，然后继续注视着这个人，他一动不动。

幼儿园

……谁也不会想到，他们会在幼儿园里碰面。那应是个练舞的地方，光线暗淡，地板是那种原木吸收了很多蜡质之后的深琥珀色调，因为没有其他人，而外面的院子里孩子们的声音又不是很响，就显得很是空寂……投落到窗前地板上的光影，看上去斑驳闪亮，这是午前，阳光明晃晃地在外面缓慢动荡着。他们似乎都不大清楚自己为什么会出现在这里，还碰到了对方。前者的孩子已在读小学五年级，而后者还是未婚，所以他们的孩子都不会出现在这里。那是到这里来做什么的呢？他们彼此都想问这个，但都没有问。他们有些尴尬地打量着对方，同时又都做出轻松的姿态……他们试图找到一些合适的话题，但只有一些开头，在他们的嘴边转悠，却没有后续的，最终说出来的，似乎只是些简单的词组而已，顶多也只不过是半个句子。后来，其中的一个人到底还是被自己的尴尬与不安弄醒了，本来他是想对那个人说，你想没有想过，你自己，还有我，是两个多么愚蠢的人？

光亮

……在阳光透过布满大朵罂粟花的窗帘散射到眼睑上之前，就听着很多鸟在外面叫个不停，而在眼睛刚刚张开即被喧哗的阳光刺得不能不闭上那么一会儿的时候，会觉得这所有的光亮都是从那些鸟的喉咙里涌现的，它们不断纠结膨胀着，纷纷打成了金银闪亮的绳索，然后又忽然地爆燃开，散裂成无数细小的耀眼光点，而每个光点又都在继续碎裂成更细小的光点，发出更为强烈的光芒，仿佛进入白炽状态的超薄的烟雾弥漫在整个空间里。在新的一天开始的时候，眼睛需要重新去适应世界。去适应那浅淡的明显隆起的蓝色，适应那几只走在建筑阴影里的母鸡的咯咯声以及它们那摆动的头，自然也会适应那棵矮小枯黑的樱桃树，那十几只麻雀，就落在上面，每只的姿态都不一样……它们的声音多有重叠交错，没过多一会儿，一只不远处的公鸡的忽然打鸣，把它们惊飞了，一直到中午都没再回来，只剩下这棵黑枝杈的矮树，像一个笔划过多、样子古怪的陌生繁体字。

天黑

……他嘴角渗出的白色液体仿佛凝固了。他仍旧保持着郑重的表情，声音的节奏与语调都没有改变。他可以把事情梳理得清清楚楚，这是他的能力所在，但他也知道即使如此也无济于事。烟头掐灭在茶几上的烟灰缸里，而最后那缕烟还在他的花白头发里缭绕。精心准备的他轻松地反驳了对方几乎所有的观点，感觉自己完全掌控了局面，却没有半点获胜的感觉，有的只是极力克制中越来越冷漠的神情。或许他知道自己可以揭示一个错误及其本质，但是无法战胜一个错误，也无法改变一个错误，因为经过成长，它已是另外一种事物了。他注视着它，而它正慢慢地进入另外一个世界里。天色渐黑了，过了半个多小时，他才想到去开灯。灯光太过刺眼了，让之前被黑暗悄悄遮蔽的物体忽然地又都重新浮现出来，个个都显得棱角分明，如同废墟里新出土的文物，让这里的所有人都感到意外。最后，他并没有去制止那个老女人发出诅咒。

沙发

……坐在沙发上，背向遮了黑条格的纱质窗帘的南窗，面对北面，可以看到长方型客厅的尽头，那里的窗口显现了点缀着积雪的北山，那只是连绵起伏的低矮余脉的局部，无论是有雪的地方，还是无雪的岩石，都是灰暗的。偶尔能看到两只大鸟在高空中盘旋，它们的腹部是白的，是岩鹰吧？他以为是鹳。河面还没有结冰的时候，偶尔能看到它们在水中站着。当然也可能不是。从来都没有在近处看过它们飞起的样子，只知道它们的腹部羽毛是白色的。换气小窗半开着，急风吹着就能发出呜呜的响声。东北风，能把人的头吹得发硬。客人注意到灰白色有木纹的地板表面落了很多灰。他只是在一周前简单扫过一次，没有用拖布，那样很麻烦，要等拖布干了起来时才能拖地板，不然就会留下水迹。现在留下的是灰迹，也是一道一道的，都是很不规则的痕迹。这里的每一面墙上都是空的，没有任何装饰物。他说还有很多东西想买，可是都还没有买呢。

搬进来已有半年多了，他在不知不觉中保持了这里的原有状态，毫无变化。他有点后悔不该急着买下这套房子，它有很多地方是他所不喜欢的。他的女人在娘家住着，快两个月了，很可能再也不回来了。他希望她不要离开，但这愿望也并非百分之百地强烈，他很苦恼。他的低沉的说话声仿佛是从喉结后面发出来的，很少是清晰连续的，似乎每个音节都有可能坠落到虚无中去。

状态

……他觉得自己目前的状态还是好的。七年前他也曾这么说过。他不得不承认，这是一条过于漫长的弯路，让他付出了代价。他的书大多数都没了。不是卖了，就是送了人，他自己只留下很少的一部分。还好，附近有个图书馆，不算大，可是书已够多。人能看多少书呢？很少一部分而已。在那个图书馆办个借书证要两百块，他办不起，还得再等等。好在还可以隔着玻璃多看几眼它们，那些他想要的书。最近他感觉精力有些不够用了。或许跟他每天骑自行车都要超过三个小时以上有关吧，也跟他每天晚上总要劈很多柴有关。像现在这样的寒冷天气里，他回来劈好柴，做好饭，吃过之后，再把炕烧热，就累了，只想钻到被窝里，好好地睡上一觉。上个月，他重读了那本契诃夫的《萨哈林游记》。喜欢之余，忽然又想，就算你真的学会了契诃夫的写法，写出了这样漂亮的作品，又能怎么样呢？有人会看么？不会有的。说来让他沮丧的，就是觉得，自己这一年多以来最大的问题，是看了太多的报纸，它们把他之前培养起来的对文字的感情与欲望都破坏掉了。那个女人在消失了一段时间之后，重新出现在他的面前，可他再也不要像以前那样迷恋她了。这个冬天太冷了。有一次，他没有骑自行车，而是挤上了公交车，人太多了，挤得动都动不得，人们嘴里呼出的热气，像雾一样弥漫着，然后又慢慢地变成了霜，凝结在眼睫毛上……有那么一瞬间，他恍然觉得，大家都在被慢慢冻死的过程中，所有的人，包括他自己。从那以后，他宁肯骑自行车，在寒风中吹上个把小时，也不再想去坐公交车了，累死跟冻死，毕竟是两回事。

晚餐

……没有多少时间了，他说，整个的世界都在加速旋转，要是感觉不到这个，那就只有一个结果，被那股不可遏制的离心力卷起来变成一个微不足道的分子，飞到外太空去，就像那些太空垃圾一样，在没有空气的地方，独自享受那些没有经过大气层过滤稀释的纯净阳光，还有偶尔来临的一阵阵空寂的黑暗。那个孩子低头吃着碗里黏稠的白粥，就着暗红的香腻肉皮，还有吸满了肉汁的豆腐干。他感觉是那个老人在给他夹着这些东西……在冷冷的空气里，即使有清亮的灯光也无法看到那只苍老的有些颤抖的手，他们看不到它，就像看不到它的主人，而只能看到他，一个沉默的孩子。那只大白狗伏在门外造作地哼叫着。她拿着一把扫帚，推开门，到它面前，打它的背，直到它不再叫才住手。园丁下午来过了，她说，那些树都还活着，他很仔细地检查过每棵树，那棵石榴也活着。他特意掐了根枝下来，让我看，里面还是绿的……都活着呢。那个老人睡着了，他能感觉得到，那双松弛的眼皮下面没有一点缝隙，看上去就像温暖的棉布帘子，把冷风挡在外面，上面随即落满了灰尘。之前说话的那个人，停顿片刻之后，重新开始说话了：有那个人的消息么？还是没有。不能就这样算了，不是这样的方式，去找找熟悉的人吧，看看能不能找到家里。

礼花

“……我现在什么都看不到……不像以前，能看到那些……每天晚上？看电视……还跟老家的两个小孩聊天，两个都很漂亮的年轻人……”从地铁出口到那个餐馆，需要一个上升右转再左转，一直向前，然后再右转、上升的过程。出口处拐角的书店里经常没有信号。五分钟能找到什么呢？在那些书里找到一粒沙子，或者一块石头，一小块玻璃碎片……然后把它装入囊中，继续上路，而之前的那个小小的停顿就像悬于路线下方的一滴水珠，始终都不会落下的水珠，在你迅速远离的过程中仍能感觉到它在那里颤动着，但不会滴落下去，这种相信的念头本身显然有点偏执，像那些堵在路口的各式车辆或者那些坐在餐馆入口处的临时座位上的人们一样偏执。清汤比浓汤好就好在不会增加身体的压力，不会产生令体内脏器有任何偏移的动力……而想象力也在随着冬天的深入逐渐减弱，不会超过地铁出口五百米以外，所以从这个意义上说，目前的这座巨大无比的城市不过是根自然弯曲的缀了一些小灯泡的湿漉漉的粗绳子。在它的周围，在那些淡漠的微弱灯光边缘，能看到的只是些黑色的表面不太光滑的陨石……它们似乎都没有能量再发生化学反应了，哪怕遇到合适的另类分子刺激，也会不为所动。它们充满了疑惑，在一种濒死的沉寂状态里，默默地观察着外面的动静。这种状态下任何表达都近乎自然脱落的过程，可是又看不到什么在脱落，裸露出来的东西似乎跟原来的样子没什么区别，但又确实是裸露之后的……有时候你会想，与其不断地把砖石垒积起来，不如什么都不做，只是在那里等着，等它们自己出来，那些能够破解石头的泉水里的活性分子纷纷跳出来碎裂成细微而又可观的无数银白幽暗的礼花。

凝固

……尽管事前认为气温降低会更有利于行动，可他们最后还是在行动中慢慢凝固了。强烈的光线仿佛弥漫在周围，似乎每一缕光都在分解成无数细丝并相互折射着，然后又莫名地纠结在一起，就像雾气里刚刚凝结的水珠忽然变成了空心的冰粒一样，它们就那么浮在半空中，每一粒都停留在最初的位置上，动也不动的，闪烁着微白的冷光。当然他们的凝固过程要比这来得缓慢得多，他们仿佛看不到敌人在哪里，看不到那些陌生人在迅速地逼近，他们头上的空中转眼就封闭了并产生了强大的负压，他们头颅里的东西正在被抽空，虽然他们仍在移动，可后来实际上已变成了一具具空壳。那不断飞来的球体只有两次变成了炸弹，可是他们根本听不到爆炸的声音，也看不到闪光，他们的动作越来越慢了，空气是如此的黏稠，紧紧地纠缠着他们的小腿，逐渐向上攀爬着，然后像纹身似的爬满了他们的手臂和脖子，最后才把触角伸到了他们的脸上，一个个地绽开，开出深灰色的小花朵，随即碎成了粉末。敌人并没有再发起什么真正意义上的攻势，就像跟他们产生了某种共同梦游的默契，似乎看到了他们身体正在凝固，甚至看到了皮肤表面的冰层正在闪着有趣的光泽，但并不想去用任何方式唤醒这些梦游人，只想老老实实地等着最后的时间。黑衣人叼起了哨子。他们终于完成了凝固的过程，脸是黑色的么？不是，他们都变成了一个个黑洞，被那些永不知疲倦的鲜绿的草叶们托举着。

老黄

……很多年来，老黄一直在内地做生意，经常从这里跑到那里，居无定所。他五十岁了，家在香港，但每年只回去很少的几次。二十年前，他在香港开了自己的设计公司的时候，我们就是很好的朋友。他是个很有艺术天分的人，人又老实，所以我们这些朋友都很喜欢他，也愿意介绍生意给他做。后来，我们在内地出差时，也经常碰到，不时会聊个通宵。他二十八岁就结了婚，然后有了个儿子。三十岁那年，他遇到了她。当时她二十一岁，是个很漂亮的个性刚烈的北方姑娘。认识没多久，她就断定他是自己要找的那种男人。但她当时的男友，是黑社会的重要人物，从两年前她到香港开始，就一直罩着她，对她相当不错。找了个周末的下午，她去了那位大哥家里，让老黄在外面马路边上等着。大哥听了她的想法，沉默了半天，然后希望她再考虑一下，说：我知道那个家伙，刚离婚，财产都给了老婆，一个穷光蛋，你跟着他，要什么没什么的。而我，需要你，也能给你要的。她说她已经想清楚了。那好吧，他说。你从这个窗口跳出去，要是你平安无事，你就跟他走，过你的日子，我不干涉……要是你摔残了，我养你一辈子。她说，谢谢。说完就走到窗边，从窗口跳了下去。那是三楼，也有近八九米高了。老黄是眼看着她从楼上跳下来的。落地的时候，只是把左脚崴了。她拉着他就走，什么话都没说。随后他们就结了婚，还开了那家设计公司。刚开始时没有钱，那位大哥就派人送来了。过了一年，他们生了个女儿。老黄打点公司，她打理家务，过得很安稳。转折点是老黄雇了个女助手这件事上。那是个很精明能干又很温柔的姑娘。他老婆知道以后，对他说，必须把她辞了。老黄不同意，说她做得很好，人又正派，没道理辞掉人家。老婆又重复了一遍自己的要求。老黄沉默了。她上了自己的车，让老黄也上去。他坐在她的旁边。两个人一路上都不说话。在开上一条正对着大海的笔直大道时，她不声不响地就把车速提到了每小时一百二十公里。等车速达到一百五十公里时，她语气平和地说:“辞了她。”老黄明白了，要是不答应，她会直接把车开到海里。等车子完全刹住的时候，离海边悬崖也就几米远。从那以后，她开始全面介入公司的日常管理。老黄负责在外面跑业务。但不管他走到哪里，走多远，每天午夜零点之前，都必须跟她通一次长时间的电话，通报每天情况。有一次，我们在北京的一家酒店里碰上了，就住在了一个标房里，边喝酒，边聊天。到凌晨一点多的时候，他的手机响了。她在电话里严厉地数落了他一通。没等她说完，他就把手机挂了，然后直接关了机，把房间电话线也拔掉了。早晨四点多，酒店大堂值班经理跑上来说，有长途电话找老黄。当然，是她打来的。后来很多年，他们一直是分居状态。据说她也开了自己的公司，经常出来跑业务了。孩子交给了阿姨照顾，两个人都不怎么回去。转眼间，她的分公司开到了北京。她三十六岁了，但看上去反而要比二十来岁时还要有魅力。难得在机场碰上，她就请我吃饭，在她住的酒店里。她跟老黄，也有几年没碰面了。只是偶尔因为孩子的事，通个简单的电话。我发现，在她手边，有三个手机，有两个一直在此起彼伏地响着，只有一个是安静的。她见我注意到了这一点，就漫不经心地说道，这个么，是专门给一个人用的，他是我现在的大哥……。我其实很想知道，她跟老黄既然已经这样了，为什么不彻底分开了事呢？她听了后，默默地看着窗口那边，出了半天的神。我是不想，她慢慢地说道，他也别想。

恐慌

……那个喜欢沉默的家伙总是令她感到恐慌，却又难以离开。他的职业是推销员，在她看来也就是四处游荡。无所谓。他做什么，不重要。重要的是她不知该如何化解自打认识他就有的那种恐慌。每隔一段时间，他就会突然没了踪影，没了消息。他的那个胖子朋友，习惯于跑到她的面前，为他的古怪行为添些注解。可她要的不是这些。胖子说不管怎么样，他这人从来都没骗过自己的母亲。这算什么重要的依据？她不知道。那种恐慌就像一种气息，无论是好的坏的消息，都不会改变它的存在。每个月他都会回遥远的家乡，去看望母亲。他三岁丧父。从会说话起，他就是个极其不喜欢说话的人，阴沉沉的，出现在哪，似乎就能让哪里变得冷冷清清。跟他接触过的人，都会下意识地有点怕他。可她有的不是怕，是恐慌。为什么会这样呢？他有些不解。她不知该如何回答。有一天，她对一个陌生人，说起了自己的困惑，不知该怎么面对这个男人。

他就像个阴影，总是在不经意间就出现。他对自己的母亲有多好，对其他人就有多冷漠。他们经常是每半个月见上一面，而每次见面的最后，他都会凝视着她的脸庞，她的眼睛，低声对她说："你很干净，知道么？不要变，就这样，永远都不要变，不变什么，就很好了。"后来，有天傍晚，他打电话给她。这次他会离开一年左右。这一年里他不会有任何消息给她，但会想着她的。而在这漫长的空白状态里，她总是会对不同的陌生人讲起这件事。她不知道他在哪里，不知道他在做些什么。但那种恐慌感仍然盘踞在她的心里，就像很多累积在一起的马铃薯一样，悄悄地生出很多的苍白脆弱的嫩芽。有个陌生人对她说，一年么，也不算长，够用了。

山

……她觉得自己可能会意外地死去。在下山时，或是在那些你容易迷失方向的树林里，或是在某辆翻入山谷的大巴车里，或是被山上偶尔滚落的石头砸在头上。在那里，随时随地都有可能发生意外。这只是个常识，问题的关键是，到这里的人通常都不大会琢磨什么意外，似乎只有她在琢磨这些事。她待在旅馆里，整晚都没有睡意，抽着烟，把烟灰弹在茶几上的那张白纸上面，有时会带着一小簇正在燃烧的烟丝，在纸上灼出焦黄的痕迹。她是个相信预兆的人么？有时候是。此刻她的思维是跳跃的，不连贯的。她并不觉得自己只是在琢磨那些可能会发生的意外。比如，她还会想到远方的某个朋友，跟他探讨一些具体的问题……有个男人，有个姑娘，为什么他们在一次欢爱之后重逢时……会像陌生人一样？当然指的是那个男人。他有家，有孩子……是个好人。那姑娘很想知道，他为什么会忽然地变成了陌生人？但很有可能，她觉得，她再也见不到他了。她可能会在再见他之前就死于意外。这倒也没什么。只是有点遗憾而已。她真正担心的并不是意外，而是意外发生后，让谁来把这个消息告诉她的父母。为什么不马上回家呢？不，不想。她就想待在这里，或者类似的地方。但她知道，无论在哪里，她都可能会意外地死去。只是不知道时间而已。她给那个从没见过的朋友发去很多短信，问如何能在第一时间将自己意外遇难的消息告诉父母？没有得到任何满意的建议。他不知道她究竟在想什么。他的信息里透露出越来越多的莫名忧虑。而这个晚上，她用得最为频繁的一个词，就是遗憾。凌晨三点钟左右，外面的温度又下降了。

缓慢

……如果只是那种比较静态的雪，人是不会担心什么的，只需不到一分钟的凝视，就会被那些静落的雪花慢慢引入惬意的时间停顿里……持续的重复与变化融为一体，在这里，重复就是变化，而变化即是重复，要是定格的话，每个瞬间都会有所不同，而当它们是匀速运动的整体时，自然就没有任何不同，因为没哪个瞬间能从中分割出来，要是非得说有，那也只能说它们的整体过程即是个瞬间，无始无终的、弥漫无际的瞬间，仅此而已。如果世界从未出现丝毫倾斜，就不会有任何气流涌入这个瞬间里，将这种近乎完美的封闭状态破坏，但这几乎不大可能，因为任何一个随意萌发的念头都会导致倾斜，转眼即是四处漏风的世界，无处不在喷涌着雪，那正从空中疾落而下的，也仿佛不过是刚被气流抛入夜空深处重新飘落的雪，看起来它们根本不像来自天上，而是来自地下，来自那些看不到的孔穴缝隙里，由于力量反常，它们每一个被抛到空中时都会破碎成粉末，迎着那些新涌上来的雪花笼罩着就跟雾似的……电话响了很久。灯亮着。窗帘的左下角没完全收拢，露出一小片黑暗，带着玻璃上的水汽，还有外面阳台玻璃上厚厚的霜花，而再往外的漩涡般寂静的黑暗世界，则仿佛无限膨胀中的巨大无边的黑气球，它吸满了清冷湿润的气息缓慢摇晃着，还可能再吸纳更多的，以更为缓慢的方式，它越来越慢地摇摆着，在那里，不远处。隔壁的房间里，那个男孩正对着闪烁的电脑屏幕浮想。电话不响了，看上去像是刚从液态变成固态的某种东西。而孩子的母亲正推门进来，在外面的浴室洗过澡，头发还是湿的，之前应该是结过冰，现在正融化、变软，有些发丝已贴在脑门上，软软的。没人知道电话响过很长时间。而打电话的人，是坐在窗前的一个六十多岁的女人，她之所以拿起电话，只是因为一直在注视着外面的风雪天气，她陷入了一种忧虑，或许觉得世界并不只是略微倾斜，而是在继续倾斜下去，从一个方向，到多个方向，她需要对某些东西有点把握，哪怕只是一点点，也是好的，于是她拿起了电话，等了很长时间。当然她不可能知道，在远处，另一条电话线路上，正在通着的一个漫长的电话。一个年近七十的男人，在跟一个年近四十岁的男人不停地说着……他谈到生活，需要一天一天地过，谈到物价与利息，还有在一个庞大城市里毫无安全感的生活意味着什么，什么样的底线是怎样都不能放弃的，他只能允许一个人承担自己的错误，当然他避免用这个字眼，其他的他都不能允许再添加……奇怪的是，他唯独没谈到天气，没提到下雪的事，这么大的风雪，对于他来说，仿佛是不存在的，即使正在发生也没有任何意义……似乎在他的世界里，不管是什么样的天气都不会影响到他的思考进程，他只需要清晰的东西，比如一天就是一天，一小时就是一小时，一分钟就是一分钟，一秒就是一秒，仅此而已……当然，实际上他很少会用小于“天”的那些单位来计算时间。因为他是个现实主义者，对于他来说，想象只能意味着混乱。

天黑

……天黑前，他想起去看望一个熟人。没先打招呼，就出了门。有公交车直达那里。以前没坐过，十多站。车上没开灯，他就只好抱着书看电视。晃晃悠悠的，就到了，他甚至被突然响起的报站声吓到了。下车就转错了路口，走出几百米了才发觉。估计从前面转过去也没多远，就走了下去。其实挺远的。还没到那个路口，他就忽然觉得又饿又累，兴致大减。路旁有个新疆饭馆，亮亮堂堂的，烤肉串的香味儿扑面而来。很多人在吃饭，多数是新疆人的样子，纷纷抬头注视着他，以至于让他有种错觉，自己好像不小心转到了新疆某地。羊肉汤，肉串，拌面。茶总是很糟糕，装在那种白铁壶里，浓浓的，散发着陈年的旧味。八点多，他结了账。还去不去呢？要不，还是算了吧。以后再说。他从另一条街口转了出去。又是一条陌生的弯曲的暗街。他走着，想着跟那个人的几次见面。一次是机场，一次是在婚礼上，还有一次是在葬礼上。这样想来，他觉得跟这个人其实不能算熟。记住这个人，不是因为他的丑陋与衰老，而是因为他的习惯性沉默和那种无所事事的自在。你看着他的神情，会觉得，这个人之前的生活都大抵是个悲剧，但已经结束了，所以，他现在是活在喜剧里的，只是没有剧情而已。

变化

……她捧着笔记本，在那里玩游戏。是开餐馆的那种，简单地画出个房间，里面来来往往一些人，个个面目呆滞，匆匆忙忙，动作机械。餐馆里很脏，可是没人在意这些，人们只顾吃喝，个个都仿佛时间紧迫，无暇多想什么。她是下午从N地过来的。坐了三小时火车，近一小时的地铁，十五分钟的出租车。此行目的是看望她的一个叔叔。这位叔叔，其实只是母亲的朋友。十年前，她准备去英国读高中的时候，就住在他的家里。一年前，她大学毕业，回了国，找了份工作。还带回个不错的男友。最近因为动过一次小手术，她在家休息了半个多月。待得实在烦闷，就决定出来转转。叔叔没有家室，一个人在这个城市里生活，她来住，当然也算方便。当年住在叔叔家时，她才十六岁，还是个沉默寡言的孩子，不知如何表达自己的想法与感受。那时她已有两个家，父亲的，母亲的。她喜欢叔叔煮的粥，尤其是半夜里，就着榨菜丝吃，舒服。叔叔是个不喜欢睡觉的人。如今的她，已是个能说会道的女人了。这么些年里，她始终跟叔叔保持着联系。在英国，在美国，游历欧洲，走到哪里，她都会发信给他，报个平安。还会告诉他，自己经历的爱情，甚至艳遇。晚上吃过火锅，就回来看叔叔写字。是《麻姑仙坛记》，大字。叔叔说他喜欢里面的金石之气，苍劲古朴，令人动容。她只是看着。十二月的夜间，即使在室内也会冷得难过。她喜欢叔叔的这个大房子，蜷缩在沙发上，玩着游戏，感觉自己可以变得很小，像个小孩子。她跟叔叔说起那次小手术的事，是很平静地说的，这样的经历很特别，没用多长时间就好了，一点都没痛，过了这关，自己也就长大了。

交换

……夏天，他在工作室的后院里，养了二十几只鸡，还有两只鹅，两只羊，还在那个水池里养了些鱼。此外还种了些蔬菜。很快的，鸡就下了蛋。到了冬天，羊生了小羊。他喜欢把朋友和客人带到这里，品尝自己的收获。这是他想要的田园生活。他对朋友说，生活就应该是这样的简单才好，复杂了反而无趣。入冬前，工人把水池里的水排干了，把里面的鱼都捞了出来。鱼并不多，但都很鲜美。工人还在淤泥里意外挖出了一条黑鱼，很是肥硕，估计是吃了池子里的鱼才长成这样的。凶狠贪吃的鱼。摆鱼宴时，来了一群朋友和客人。有好酒，有鲜鱼，人人都很开心尽兴的样子。酒过三寻，他就讲起自己早年的生活。在穷困的乡下，他拼尽全力试图改变生活的状态。因为营养不良，牙齿都坏掉了。现在镶的这口牙，花了很多钱。有几颗是种植的，其他的都是贵金属烤瓷的。因为心情好，他就多喝了几杯。后来就聊到了艺术，观念的，行为的，用你的什么东西，换我的作品，或者东西，都可以，这个交换，就是个作品。有位朋友就说，那这样好了，我的方案有了：用我的这口好牙，换你的那口假牙，把我的牙植入你的嘴里，把你的假牙，装到我的嘴里，就是这样的，你考虑一下。

柔软

……几个朋友去吃羊肉锅。自带的好酒，在那个很不起眼的小店里，吃喝了很久。出来时，已是晚上八点多。有人就提议，我们去个有意思的地方吧。那里可以喝茶，看戏，还可以看相算命呢。开车不到半个小时，就到了那里。大家各找各的去处，喝茶的喝茶，看戏的看戏，只有胖子老李一个人去看相算命。临近午夜，大家才尽兴而归。在车里，看着外面夜色里的街道，人们都不说话了，各自想着各自的事，也可能什么都没想。后来过了大桥，才陆续开始说起话来。茶其实很一般，只是做茶道的姑娘清秀可人，话不多，但怎么看都觉得让人怜爱。戏呢，是昆曲，演的是《牡丹亭》里的片断，演员都是二十出头的女孩子，唱腔虽稚嫩，但身姿是好的。某人感叹，年轻就是好的。众人皆笑其庸俗。老李闷了半天，也不言语。别人就忍不住招惹他了，你去算命看相，是不是遇到了什么不好的结果？他摇了摇头，意味深长地点了支烟，想了想，说：

你们说的那些，都还是表面的东西，太轻浮了，没境界。给我看相算命的，也是位姑娘，长得如何，就不说了，单就说她的那双手，你就没话说……那么柔软的手，还没碰到过。你们知道么，手是人体的缩影，柔软的手，描述的就是整个的人，全在里面了……被它们握着，你就会觉着，自己就跟五月里的草似的，被小风那么一吹，带着露水，太阳刚出来的时候，全是光亮。众人听罢，沉默了几秒钟之后，皆笑倒。笑罢，有人又问，那你算的命呢？他淡定地反问道，那还重要么？

舅舅

……1989年夏天，他第一次去北京。跟妈妈和妹妹，半夜里在北戴河上的火车。没有座位。过道上都坐满了人，你要是站起来，就再也没法坐下去了。凌晨三点多，他已困得不行，犹豫一下，就伏身在旁边座位上的一个大叔身上睡着了。那位大叔是横躺在座位上的，身前的老婆和儿子是伏案而睡。早晨的阳光在地平线上泛动时，大叔的身子动了动，他就先醒了，继续站在旁边，手扶着座位靠背，看着外面，远处的金色光线正在迅速地膨胀着。身子都睡僵了，累啊，大叔自言自语，坐起来，活动身子。那年他十六岁。去北京，是要看望一位舅舅，顺便逛逛京城。舅舅在火车站外等着呢。小眼睛、面白、幽默的中年男人。据说他在税务局工作。他们家在天坛公园附近的老胡同里。有个很小的院子，屋子也小，但透过窗户，能看到外面院子上方的碧蓝天空，会觉得这里就像北京城的一个安静细小的凹陷。他觉得这里更像过去的某个时段里的北京，而不是现在的。舅妈是个开朗大嗓门儿的小个子，是商场里的经理。他们就一个儿子，比他小两岁，跟他妹妹同岁，长得很高、很结实，喜欢游泳，最爱吃鸡头，他亲眼看到这小子在公园里坐在花坛边上，用了十分钟把一个鸡头变成一小堆细碎的骨头。天坛公园有很多深密柏树和其他树木，天不亮就有人在锻炼了，黑乎乎的，有人在唱歌，还有人在招呼伙伴儿……马姐？牛姐？舅舅就顺势跟着叫了一声，猴儿姐？我们就低声地笑。那时的京城还处在戒严的状态里。他们在舅舅家住了半个多月。有天晚上，舅妈在房间里哭。是被舅舅说哭的。妈妈就批评了舅舅，觉得他太不宽容。舅妈人多好啊。他们离开北京的那天晚上，舅舅借了辆三轮车，把他买的一堆书，还有他们娘三个，送到了火车站，一直送上了火车。三年后的秋天，他出差去兰州，经北京转车，停留了两天。就住在天坛公园南门外的一个旅馆里，是平房，大院儿，院里院外都是高大的杨树。夜里起风，落叶声跟下雨似的。那时舅舅家已搬至不远处的新楼。舅舅的儿子和女友，请他吃了顿饭。舅舅夫妇去乡下探亲了。后来，听说舅妈得了一种叫脉管炎的病，差点就成了瘫子，要坐轮椅。本来挺好的仕途，也就此终了。舅舅的儿子开了家旅行社，生意做得很好，给舅舅买套天坛公园旁边的老房子，住着很舒服，还买了辆车。1995 年春天，他去北京看展览，妈妈嘱咐他去看看舅舅，可他犹豫了一下，还是没去。但去了天坛公园，是晚上去的。那天月亮很圆很亮，他一个人在神道上慢慢地走着，觉得月光有种弥漫的感觉。还碰到位练气功的年轻女人，让他离得远了些，以免影响她的气场。她说十年后，会有全世界的气功大师聚集在京城，一起发功，能在空中创造一种奇迹般的异象。后来妈妈说，舅妈的腿好了，就是练气功练的，上班就又当经理了。舅舅的儿子呢，生意是越做越大，结了婚，生了个女儿。有了手机之后，妈妈跟舅舅偶尔会发发短信，互致问候。舅舅退休了，过着悠闲的生活，养花，写字。舅舅很关心他，想知道他的情况。他从没给舅舅打过电话。舅舅跟妈妈，是在 1967 年大串联时在北京认识的。那时妈妈十七岁，舅舅二十一岁。她认了他当哥哥，每个月都会互相写信。舅舅经常会给妈妈寄她需要的书。那时的人，真的挺单纯，妈妈说。转眼的工夫，妈妈六十岁了。那年的四月，舅舅出门看朋友，说是要顺路来沈阳看看妈妈。当时妈妈心脏病发作不久，刚刚恢复，犹豫再三，最后还是发了个短信，拒绝了舅舅的来访。结果舅舅很生气地回了京。这事是后来他听妹妹转述的，妹妹问妈妈为什么要这样？妈妈沉默了片刻，说出了一个谁都想不到的理由：家里太乱了，太破旧了，不想让他看到。

早餐

……我们很久都没吃过早餐了。很久以前，附近曾有家包子铺，山东人开的，有小米粥，有芋根头咸菜丝，拌了葱丝儿和香油的那种，要是你不喜欢吃包子，还有花卷儿。后来山东人走了。他老婆得了忧郁症，无法适应这里的生活环境。他们就回了老家乡下，说是在弄一个不大的果园。他老婆是个很文静的女人，比他文化高，他是初中，她是高中，他没毕业，她是毕了业的。他比她大十三岁。她是毕了业就跟他出来的，一路跑到了上海。她的兄弟们，就把他的家拆了，东西能搬的都搬走，搬不走的，一把火烧了。过了两年，她才开始给家里写信。但从来不留发信的地址。后来她生了个儿子，把照片夹在了信里寄给他们。不久，她就病了。除了跟孩子，不跟任何人说话。去了几家大医院看，都没有治好她的病。有专家就建议他，最好把她带回到家乡的环境里，那样有可能会恢复。他没有办法，只好托朋友回乡找到她的家人，说明了情况。过了些日子，她的两个兄弟来了。他们让她和孩子出去转一转，然后把他关在房间里狠狠地揍了一顿，但没有打脸。他们告诉他，在他家后面的山上，有一个果园，是留给他的。他知道那里，翻过山，就能看到那个湖了。那湖里有一种小白鱼，喜欢成群出没，尤其是在夏夜里，有明朗月光的时候……看着会感觉它们就像月光分解成的碎片，忽然就落到了水里，转眼就没了，像在做梦。山东人走了之后，有人开了个水果店，但生意不好，就关了。然后那个地方就一直关着。后来，有对苏北来的年轻人，在门口摆了个早点摊子。卖吊炉饼和豆腐脑。不知道他们是兄妹，还是恋人或夫妻。都是胖子。他们的吊炉饼很干很干，不过味道还可以，也就是说，除了面味和芝麻味儿，没有其他的杂味儿。豆腐脑做得还好，只是卤子实在乏味。尽管如此，每天还是会有不少人去他们那里吃早点，因为实在没有别的选择。如果我们出来晚了，就会看到他们已把摊子收拾妥当，坐在那里，慢慢吃剩下的吊炉饼。真的很干啊，那东西。我们从经常不吃早餐，到基本上不吃早餐，没用多少时间。从下午两三点钟吃每天的第一顿饭，到改为晚上七点左右吃，也没用多少时间，大概也就半年左右吧。有时候我们也会想，这样下去，是不是过不了多久，就会恢复正常的早餐时间了呢？但是现在来说的话，需要有个前提，就是我们得先把失眠的问题解决了。

说时

……我们等待着想象中的某些人，在某个阴暗冷清的下午。寂静的树木深处，有几只猫，眯缝着眼睛卧在不同的地方。时间仿佛在缓慢倒退，像退潮一样，留出灰亮广阔的沙滩，每粒沙子都闪着微暗的光，没有规律，那些闪光交织在一起，形成模糊的背景。暗中发光的还有屏幕，可重要的不是那些有提示或误导作用的文字，而是看上去我们更像是从它的里面跳脱出来的，是它给我们留出了两侧的位置，用来说话，对着另外一些人。他们从哪里来，他们是谁，他们为何到这里来？这瞬间浮现的问题其实是没办法向他们提出的。即使是他们已然就在眼前，一个一个地出现。他们是来自异度空间的陌生人。但这所谓的异度空间又并非物理意义上的，而只能是思维、感知与想象上的。有时候，你确实无法知道彼此是否在使用同一种语言，尽管你们互相点头致意，甚至握手微笑，在他们浮现时你好像就在预计他们消失的时刻。他们来之前，你更在意的是这敞开的房间里各种各样的东西出现的位置，散发的气息，以及它们与他们之间可能的关系。一只黑猫，抖着蓬乱的毛，飞快地穿过树丛。会唱歌的人，懂得乐器的人，喜欢魔术的人，即将去北方的人，热爱饮酒的人，会包粽子的人，戴黑边眼镜的瘦高的年轻人，因为遗忘而未能出现的人，晚餐时才会出现的人。时间确实是在倒退着，我们在傍晚时进入秋天深处，路口的大风冷得让人脑海的阴郁里不时泛出一片片空白。说话是会令人的体内变得空旷的。这是化学现象。我们喝酒，似乎也就是为了证明某些化学现象的清空作用。柔软的皮囊，可以对应的是坚硬得如同空玻璃酒瓶的夜晚，听不到其他的声音，除了心脏的跳动，因为沉到了很深的地方，而灯光只能在瓶口摇晃，像点燃嘴唇的火焰。凌晨两点，他们还在路上。不是来的路上，而是各自回去的路上。而临近午夜之前，他们还在地铁里说着过于严肃的话题，它们就像浮动在黑夜的海面上的沉船碎片，令人难免要为之陷入沉默。倒头睡下，然后醒来，待在角落里，听着机器里风扇的响声，同时发现外面树冠里的某些鸟其实是整天都在叫着的。而直到重新听见自己的房间里雨水管里发出的异常清晰的流水声，以及不远处偶尔传来的空洞的轮船汽笛声时，你才意识到时间其实早已恢复了常态，在向前方漫延而去，并且有力地推动着你经过黑夜深处。

父女

*

……他七十岁了。每天按时上班，下午四点，去一家酒吧里刷盘子。晚上九点下班，回家打开那些哲学书。这是在加拿大北部的一个海湾小镇。转眼间，他在这里住了十五年了，跟老伴，住在女儿的家里。女婿是个水利工程师，温和平静，说话带着微笑。他们共同的爱好，就是喝茶。一起喝茶的时候，他们都不说什么。他想着自己的事，而女婿呢，则好像从来都是什么也不想的样子，只是喝茶而已。镇上没有多少华人，他也从不跟他们来往。他喜欢说普通话，而不是湛江方言。每年秋天，或者冬天，都会有个中年人来看他。是他的一个远亲，叫他叔。只有他来的时候，叔才会喜欢说话。谈哲学问题。他是个好听众，不论叔讲多久，都会耐心地听完。在他听来，叔的哲学就像一堆石头放在流水里，别人的说法和观念就是石头，而叔自己对生活的体悟则是流水，它们会激出很多耐人寻味的水花。他们最早是在香港认识的。二十五年前的事了。那时叔是广州的官员，管着什么局，经常到香港出差。经亲戚介绍，他们就认了亲。那时他很年轻，叔也不老。后来叔在香港有了房子，从一处到几处，位置也越来越好。有时候叔会找上他一起去看看，其中一处可以看到海，维多利亚湾。费了很多周折，叔为自己和家人办到了香港居住证。随后就举家迁了过来。亲戚们欢迎叔的宴会上，他知道叔是躲过了一难。叔的很多部下都被抓了起来，因为腐败。在铜锣湾那个最豪华的夜总会的顶层，叔弄了个自己的公司，有个很奢华的办公室。当时他做了艺术家，去看叔的时候，叔拉着他的衣服说，这哪里是衣服呢，去买几套好西装吧。说着就把一叠钱塞给他。叔好像什么生意都做，到处都有朋友，赚了好多钱，也花了好多钱。叔的老婆是个沉默的女人，感觉叔这样下去，会出问题。劝叔收一收吧，他不肯。她就提了唯一的一个要求，把最好的那幢房子，划归女儿名下，给自己留条退路。叔就答应了。一年后，受大环境的影响，叔的生意就全线崩溃了。他们卖了那幢房子，去了澳州。在那里住了五年，因为情绪的缘故，叔就得了一场病，怎么都适应不了当地的气候。没办法，他们就去了加拿大，投奔到女儿那里。又过了两年，叔的病才慢慢好起来。按叔的解释，好起来的原因，不是吃药，也不是气候，而是因为哲学。他读了很多东西方的哲学书，每天除了早晚散步、三顿饭和睡觉，其余的时间都用来读书了。还写了很多笔记。叔给他看过其中的几本，但他都没大看懂。叔说自己看懂了生死的问题，所以才活得轻松起来。比如生不如死，叔说，这不是在说一种痛苦的程度，而是在提醒你，要放下生死的念头，放下比照，无生念无死念，才是自然地活着。叔去洗盘子，不是为了挣钱，而是为了做事，做最简单的事。因为洗盘子是个简单重复的过程，不需要用脑，所以这期间就可以想哲学上的问题了。叔觉得那些盘子就像念珠一样，一个一个地洗过去，转过去，跟数念珠有异曲同工之妙，让他体会到很玄妙的内心宁静。

**

……叔的女儿，有两个女儿，都在读博士，研究的方向分别是东西方酒的历史和风水学。两个姑娘都很漂亮，取了父母的优点。她们的母亲本身就是个美女。当年在广州读小学的时候，她就拿了全国青少年拉丁舞蹈冠军，高中的时候，还拿过广东流行歌曲校园比赛的亚军。她说这都是爸爸逼的。差一点就把她逼成了疯子。举家迁香港没多久，爸爸就把她送到了加拿大读书。大学刚毕业，她就得了忧郁症。几次想自杀，都没有成功。爸爸雇专人每天监护她的起居。她待在房间里，最难过的时候就给爸爸写信，用最恶毒的话去嘲讽他，诅咒他，表达对他的痛恨，说他毁了她的生活，全部的生活。爸爸的回信每次都是官样的文字，教育她要努力做一个健康的人，一个积极向上的人，一个对社会有贡献的人。每次看完他的信，她都会大笑半天，然后把信撕得粉碎。后来她不撕了，直接把信贴在了墙上，从卧室贴到客厅，到厨房，洗手间，走廊，能贴的地方都贴上了。每次贴完，她都要拍了照片寄给他看。而爸爸呢，每次都会回信给她，拍得不错。她真想杀了他。后来她觉得杀了他是没有任何意义的，什么都改变不了。就这样，没过多久，医生就告诉她爸爸，你女儿已经恢复了正常，不需要再监护了。完全是个健康的正常人，不会再有任何问题。于是爸爸就飞到加拿大，跟女儿待了一个星期，每天仔细观察她的言行举止，在充分证明医生所言不虚之后，才放心地返回了国内。那时有很多人在追求她，各种各样的人，可她都看不上眼。没有人知道她究竟会喜欢什么样的人。一个偶然的机会，她在仓库里翻出一本《圣经》，很厚的精装本。那天阴雨绵绵，空气冷清。她就坐在回廊的一角，慢慢地看那部沉甸甸的书。天黑了，她就回到房间里，关上门继续看下去。一直看到天亮，困了就睡，醒了接着看。就这样，连续看了三天，终于看完了。清晨的时候，她冲了沐浴，然后自己弄了份早餐吃。又泡了壶茶，安静地待了一会儿。她骑着自行车，沿着海滨大道一路骑了下去。她回绕着这座小城，骑行了好多圈。直到黄昏降临，她才回到家里，倒头就睡。午夜里，她忽然醒来了。她对自己说，明天一早，出门之后，碰见的第一个男人，就是她要嫁的人。无论如何，她都会嫁给他的。次日是个阴雨天。偶尔有阵雨。她穿过寂静的湿漉漉的马路，迎面走来一个穿着灰色风雨衣的男人，低着头，慢慢地走了过来。她叫住了他，向他问路。于是这个羞涩的从荷兰移民到这里的比她大十岁的男人，这个善良温柔得像个大男孩的男人，在两个月后成了她的丈夫，从此过上了幸福而宁静的生活。

空室

……这里原来有很多人，坐在各种形状的办公桌后面，对着电脑，敲打着键盘。他们来自五湖四海，随后又四散而去。如今这里剩下了很多的办公桌椅，空在那里，所在的办公区的灯都关掉了，穿行其中的时候，大理石的地面闪着幽暗的光泽，会让你有种异样的感觉，就好像身后不远处的亮着灯光的办公区就是另外一个世界。每天这里来往的人很少。有时很长时间都没有人影晃动。有时候，在本来以为不会有人的地方会忽然看到个人影，可是转瞬就没有了，像个幻觉。中央空调的那些出风口持续发出嘭嘭的响声，仔细听的话，还会听出别的一些声音，混杂在里面，像细细的金属丝一样，在不断地摆动着，不时会纷乱地撞到风口附近的管壁。有些桌面上，还留着以前的主人摆放的盆栽植物，有虎皮兰、龟背竹、迎春花，还有小小的仙人球。它们都还活着。从某个小会议室的玻璃墙看出去，还能看到外面露台上的那几行竹子，都是深绿的，寂静不动。中午下过一阵很大的雨，雨点很大，是灰白的。

舞蹈

……车就一直往前开吧，他靠着椅背这样说道，不要转弯，也不要找方向，不要找出口，就这么开下去，最后开到哪里我们就停在哪里，然后下去喝酒，吃消夜，也不用回去了，就这样待在外面，非常好。这是个令人不免有些兴奋的想法，尽管只是个想法。它能让你转瞬间就想象出路的尽头，有个灯光暗淡的街道，大多数临街的店铺都早已关门闭户了，只有一家小店还开着，提供最简单而又粗糙的食物，还有冰凉的啤酒，可是一点都不好喝。你们是不会挑剔这些的。但车子始终都没有离开高架路，空调已经把车内的温度降到了二十度左右，足以让人清醒了。他有些疲惫，很长时间都不再说什么。他是个很会讲故事的人，可是今天没有要讲故事的意思，一点都没有么？没有。之前的黑暗里，你们看着那个倾斜的舞台上，他们近乎刻意地翻转变化着自己的身体姿态，从上面投射下来铺满了舞台和他们的身体的是变幻着的图案，有一会儿好像是很多的蜜蜂，像灰暗的斑点，在白亮的光影里排列着神秘的队形，在空中散布着嗡嗡的响声。有时候某些类型的现代舞会令人停止思考和想象，你的意念被那些舞者的身体吸引着，然后就被彻底地驱逐了，替代了他们的身体突破了空间的局限，离开了那里，再也不用回去了。所以还会有一种舞蹈是寂静不动的，就像坐在飞奔的车里那样，失去了时间的感觉，缓慢地飘着，远离了那些被遮蔽的地面，然后再慢慢向下滑落，跟灰似的，每个都包裹着凉薄的金属壳子。不管什么舞蹈，都不会是用来讲故事的，而是用来驱逐故事的，把身体变成东西，无休止地涂抹着，直到那个舞台空空如也。最初的那一段，他们在黑暗的舞台上的角落里，从一束灯光开始的时候，其实就很套路地说了谎，用身体。

他们

……忽然的，他们又想起了我。如今他们都变得含蓄了许多，不像以前那么直截了当了，这可能就是年龄的作用。时间累积在人身上的效果。他们五十多岁的时候，脾气都不好，容易不满，容易发火，争吵，也容易恨，把钱看得比命还重，因为总是担忧自己手里的钱，觉得所有人都在盯着他手里的钱，而且不管如何积攒，到老了的时候可能都不够用。现在他们都已是七十岁以上的人了。他们的记忆力开始后退，退到了很久以前的感觉。所以，他们就又想起了我。可能是想到我一个人在另一个城市里，活着挺不容易的，四十几岁了，还没成个家，连个照应生活的人都没有。没有自己的房子，也没稳定的工作，孤单单的，到了晚上肯定会对着窗户或者天花板发呆，还会把眼睛冲着他们的方向，让他们睡不安稳。其实我真的没有到这个地步，尽管我确实偶尔会发发呆，一个人待在房间里，抽着烟，翻着那些旧书，但我真的没有想到他们，我对他们没有意见，一点都没有。我不恨他们。我以前老想着要多关心他们一些，可是他们不需要，或者说他们怕我关心，好像我关心的不是他们，而是他们的生活底座，会在某一天忽然伸手拆除那个底座。他们想帮我找个女人，一起过日子。你也不要太挑剔，他们对我说，以你的条件，最好找个成熟的懂事儿的女人，哪怕带个小孩子也没什么大不了的……有个家，你也可以过得安稳些，不至于像现在这样冷冷清清的，一个孤家寡人。他们轻易就唤醒了我的感情，我这人太念旧，就拎着水果，去挨家看他们。听他们说这些话。我们说的都是好话，是为了你好。我说我都知道。他们的样子，都老得很厉害，脸都变形了，眼睛很混浊，说话也没那么流畅，当然也不像以前那么尖刻了。他们都变成了温和的人。这些年里发生的不少事他们都忘了，或者说忘了很大的一部分，这就使得没忘的那些显得毫无意义，无法解释。比如说，他们都记不得我父亲去逝那年，在老家，他们都说过些什么，做过些什么。我托他们带的钱，也不知去向了，还要骂我不孝和无耻。当然也忘了五年前我因为砍人而逃了几个月，我向他们借点钱，他们连门都不开。那时他们是真的怕了我。不像现在，一点都不知道怕了。他们甚至还会拉着我的手说话，叫我小时候的名字。为什么要找个女人呢？你要知道，这样的话，你就有机会要回老家的那个房子了，你大哥就没有理由不给你那个房子了，那本来就是你的，我们都知道是你的……你大姐二姐也承认是你的，那本来就是你父亲留给你的，他知道你早晚有一天会回老家住的。

你父亲是个好人啊。这些，我也都知道的。可是我确实找不到女人。人家都嫌我穷。我确实很穷。我每天忙来忙去的，也就是挣点房租钱、吃饭钱。你可以把那么些书先卖了嘛。五年前就卖光了，没有了。我现在只有十几本书，还是从收废品的那里论斤买的呢。可是你总归要找个女人的啊？这个，我是知道的。你不是认识个舞厅里的女人么？那个人……五年前就没有联系了。她不是对你挺好的么？奇怪，他们引用了我的话。因为当年他们说的是完全相反的话，她只看着你的钱来的，对你好，就是为了你的钱。可我那时也没有多少钱。你看你，都四十多岁了，一个大男人，却什么都没有。我挺好的其实。我们啊，别的都不想，就想着帮你找个女人，过日子，这样去见你父亲的时候，我们也有话可说……。他们家里充满了药味。各种各样的药，中药，西药，好像能放东西的地方都有药。我看他们身体都还说得过去，可他们说每天都要吃不少药，要记在本子上，以免吃错了。吃药比吃饭还要多些。他们还记得当年把我从老家带出来的事儿。父亲把我过继给他们，做他们的儿子。因为他们没有儿子，也不再能生育了。我十八岁的时候上了班，就搬到了单位里的宿舍住，从那时起，他们就恨我。他们告诉所有的亲戚，说我是个无情无义的家伙，让大家都不要理我。但我不恨他们。每到过节过年的时候，我还是会去看望他们。每次去，他们的小女儿，我叫她二姐，都要在走廊里骂，直到我离开为止。二十七岁时我卖了我的国企工作，带着那几万块钱，去广州，去沈阳，开过书店（在一幢写字楼的十八层)，学过理发，还卖过菜，当过家教……直到把钱都花光。他们说我是个天生的败家子。说你要饭的时候，不要到我们家里来敲门。我们不认识你。当然我没有去要饭，还是会按时去看望他们。有时不给我开门，我就把东西放在门口，说一声就走了。三十三岁的冬天，我认识了那个舞女。就是靠陪人跳舞挣钱的那种。她有两个儿子要养活。我对她很好。她对我也不错。她对我说，不要想感情，我只为了钱，才跟你相处。其实我只能给她不多的钱。她比我大两岁，但基本看不出来。有时她也会给我买衣服什么的，会领着我，在商场里转。三十五岁的春天，我去青海买枪，没有买到。回来时她就消失了。没人知道她去了哪里。他们说她就是个骗子。我说不是。后来我做了送水工，每天骑自行车，把一桶桶的纯净水，送到用户家里。每天都要骑个几十上百公里，晚上回来，还是想翻翻书的，哪怕只看几页也是好的。我习惯这样的生活。我试着找过她几次，都没有找到。后来有人说，她去了韩国，嫁给了一个农民。这样也不错。他们说我愚蠢。那也是他们最后一次这样说我。他们的头发已经完全白透了，是那种没有光泽的白，很干枯的样子，每次去，都会觉得又稀少了很多。很多事他们都想不起来了，有时候就会问我，我呢，并不会帮他们回忆事情的真相，只会给他们一个令他们安慰的新版本。他们觉得，当年奶奶在他们这里住的时候，过得不算好。是啊，她当时已经看不到东西了，可他们还是让她去了大伯家里住，因为她总是说话，在他们想安静的时候。我告诉他们，那是她过得比较好的一段时间了。她到大伯家里，过得才是真的不好。她时常会想起在他们家的日子，就像会想起我一样。那时他是跟奶奶住在一个房间里的。现在他们的话越来越少了。他去看他们的时候，他们总会有一个人是在睡着的。没睡的那一个，就会拉着他的手，坐在床边，很长时间都不说什么。

司机

……出租车司机把他丢在邮局里，把车开走了。他只是让司机稍微等那么一会儿，就五分钟，甚至更少，但司机让他读一读他座位后面的提示，要留押金的。为什么呢？司机的脸是黑的。他从没留过押金。“可我就是要留押金的。”司机看着后视镜坚定地说道。好吧，他留了押金。可是你看，他还是把我给丢下了。打着伞，走到那条狭窄的马路对面，在雨里等了几分钟，才重新打到车。雨并不大。风有点大。坐到车里收起雨伞时，雨水流到了胳臂上，关上车门之后，又有一些雨水洒落到裤子上。要去哪里呢？司机是个瘦瘦的家伙，面无表情或者说有些疲惫地看了他一眼。司机的脸是灰的。他说了地方。“……要过南浦大桥的。”司机明显有些犹豫了。“会很堵么？”“……当然了，这个时候，下雨天，又是周五。”“那你就先开吧。”就这样，司机边犹豫着边把车开了出去。没有多远，就堵住了。随后就下起了大雨，很大的雨。车顶篷上传来一阵阵急促的雨点声，大雨点在前后左右的玻璃上绽开着水花。“这下可完了。”司机摇了摇头。所有的车辆都模糊不清地缓慢行进着。在另一个路口转弯的时候，雨更大了。雨刷器几乎都失去了作用，看上去像在水里拼力划动却又毫无效果的细弱小桨，就那么无用地划啊划的，在滚动的水流里。他让司机在路边停下，然后付钱下了车。在关上门之前，司机侧着脑袋提醒他，“哎，这里离地铁还有段路呢……”他踮着脚尖儿快步走着，可是黑皮鞋还是马上就湿透了，走了几步就灌满了水。

女人

……路边楼下有个门市小店，卖烟酒糖茶的。门口的竹椅上坐着一位三十多岁的女人，正在那里看着下雨抽烟。他把伞张着放在了门的一侧。她看上去有点面熟，不知道在哪里见到过，或者说一时还不知道像哪个熟人。她把烟递给他，还有一个绿色的一次性打火机，然后重新坐回了椅子里。是个竹躺椅。是个身材高挑结实的女人。“……你住在这附近？”她看着自己的指甲，吐了口烟。他摇了摇头。“那你怎么在这儿下了？不想堵车吧，这样的天气。不知道后天会不会还这样……”她把烟头丢到了雨里。谁知道呢？这样的雨天，还有风，抽烟根本就没有味道。他把半截烟丢到了雨里。过了十多分钟，等雨小了，他就打着伞走了出去。她指给他地铁站的方向，然后就抱着双臂坐直了身体，看着他走远。有几个娇艳的女人，从隔壁的玻璃门里探出头来，发出古怪的笑声，雨真的小了啊。走过去又花了十多分钟。雨水在脚趾头间滑腻腻的，随着脚步的运动开始有点要发酵的感觉。天很快就擦黑了。地铁里人很少。要坐到终点，才能换另一条线。这倒不错。终点站是个体育中心，还从来没有去过。或者可以到那里吃晚饭呢？就这样一个念头，让他升上了地面。天完全黑了。是个小广场，在那个体育中心外面，空空荡荡的，什么都没有。只有路口那边站着一个保安模样的人。那时，雨已经住了，湿漉漉的地面暗光斑驳，风里充满了青草的腥涩味道。

老鼠

……有个姑娘在隔壁的房间里画着壁画。天已很晚了。老鼠睡在黑色的捕鼠笼里。他把门半开着，让风吹进来些，吹着它身上干枯的灰毛。它毫无反应。他把笼子拎着往门口移了一点，它也没有像往常那样被惊醒。它的身体是僵硬的。他轻轻晃了晃笼子，它左右滑动。他拎着笼子，来到隔壁，给她看。她画的是道教里的神仙。那脸过于饱满了，周围有很多过于艳丽的花朵，她正在画香炉的细部。老鼠是四天前发现的。当时两个朋友来做客，他说起为什么最近都没有老鼠出没，其实很简单，就是一个捕鼠笼和一张粘鼠板，在柱子下面，一左一右，躲过这个就躲不过那个。他们走了之后，他发现那个捕鼠笼的门是关着的。它蜷缩着身子，待在一角，尾巴弯曲着伸到了笼子中央。每天它靠吃那块面包饵度日。每天只吃一点点，就这样坚持了四天。面包饵终于被它吃光了。外面下了一天的雨。雨水从门缝里渗进来，湿了笼子下面的水泥地。可是它显然对水已经毫无兴趣了。它看着湿津津的地面，一动不动地待着，直到停止呼吸。房间里很安静，能听到远处疾驰的车声。偶尔还有大型客机那沉闷的破空轰鸣。墙壁白得有些耀眼，要是仔细盯着看的话，其实还是会发现表面并不平滑，光线散布也不均匀，会有很细微的明暗变化。后来，有一只大昆虫飞了进来，不知道从哪个窗户玻璃缺口里钻入的。它那肥硕的身子悬浮般地挨到了墙壁上，但又停不住，忽然地就滑落了下来。过了半小时，它出现在地毯上的一叠旧报纸的表面，钻到了那个空塑料袋里。他小心地走了过去，打量了一下它，想起来了，这就是小时候夏夜里经常会在路灯下面捉到的那种叫作地啦蛄的东西。要是你捉它在手，把背心儿的下襟用唾沫润湿了，递到它的面前，它就会一口咬上，死也不放。然后你只要轻轻一拉，它的头就与身体分开了，之后也还是在动。他把塑料袋卷起来，包裹着它，塞到垃圾桶里，这样，整个晚上都能听到它在里面挣扎发出的沙沙声。

楼上

……楼上跑水了。淹了我的厨房、门厅，还有客厅的边上。我上去用力敲开了他们的门。他们站在门口，三个男人，表情冷漠地盯着我，找谁啊？当然是你们了。我觉得我的声音有些颤抖，因为愤怒和激动。我从来都不是个喜欢找别人算账说理的人。他们跟着我下了楼，看了看水淹的现场。然后又回去了。他们也没有办法，其中的一个瘦子对我说的，他们的头儿在外地出差，要过几天才回来，他不回来，他们就什么都决定不了，这房子是头儿租的。你们是做什么的呢？这话一出口，本来只有他一个人在门口的，现在又变成了三个人。他们面无表情地看着我，都像似刚睡醒的样子。我知道这样是有些不礼貌的，毕竟此前我从没见过他们。你们搬来多久了，我把口气放平和了一些，为什么我从来都没见过你们呢？我觉得我的腔调有点像居委会的了。他们看着我。后来还是那个瘦子答复了我，等我们头儿回来，他会找你的。那他什么时候回来呢？三天，或者五天，总归要回来的了。回到家里，我才发现自己出了一身汗。这就是不得不面对他人的结果。我不想见任何人，只想一个人待着，这显然是不大可能的事。他们会想办法把你拉回来，拉到他们的面前，你不得不跟他们说话，讲道理，看着他们脏兮兮的脸，就像他们的房间里一样脏的脸。忽然地，我被一个念头弄得有点兴奋。从此我每天都会在下班之后去敲他们的门，然后问他们的头儿什么时候回来。你就不能忙点别的什么？那个瘦子有点无可奈何地问道。我没什么事儿，你也看到了，我就一个人，我整天都在琢磨这件事儿。可我们真的没有办法，得等他回来。那他到底什么时候回来呢？我们也不知道，那是他的事儿，不是我们要想的。那我只好天天都来问你们了。那个瘦子终于改变了主意，他要我估算一下损失。他下来看了看被淹过的地方，离开时说，你家可真干净啊，什么都没有，这么大的房子，你怎么不添置些东西啊，这么空空荡荡的，住在里边你觉得舒服么？我不想回答这么愚蠢的问题。你们为什么整天都不出门呢？你们到底是做什么的呢？他走到我的阳台上，点了支烟，看着远处的山，有些无聊地说道："我们的工作呢，没别的，就是等他回来。他回来呢，把钱给我们，当然也给你一些，赔你的损失，然后我们就可以做别的事了。"不管怎么说，我仍旧会每天傍晚时去敲他们的门，但是连续几天都没有敲开，里面任何声音都没有。那几天我很早就醒，很晚才睡，可是根本听不到他们那里有开门或者关门的声响。而且让我恼怒的是，最后一天，楼上又开始跑水了，我的整个房子都被淹了。我敲了很长时间的门。最后我不得不去报了警。警察们来了，还有物业的，终于弄开了门。水是从浴缸里跑出来的。里面躺着个中年男人，已经死了。警察说是被勒死的。我从没见过这个人。我对他们说，我真的没有听到任何响动，我几乎天天都在听着，可是一点动静都没听到。警察有点奇怪地看着我，你为什么要每天听呢？因为他们说，要等他们的头儿回来，才能赔我的损失。

歌手

……他那副委屈的样子，就像模糊的界限，浮动在脆弱、忧郁、亢奋与颓废等转瞬即逝的情态之间，有些刻意，但还不至于令人生厌，有时还有一些诡秘，不过也不会让人心生疑虑。就那么瘦瘦高高的一个人，站在那里，仿佛一棵深灰色的有些缺少水分的豆芽被放大了一百八十倍，无论从哪个角度看，都有些干瘪柔弱的感觉……可他又确实是年轻的，眼光柔软而明亮，偶尔甚至还有那么一点羞涩的意味，要是脸上那些细微的皱纹可以忽略不计，那分明就是个大男孩的样子，哪怕他像个老烟枪似的叼着香烟，蜷缩在那个破旧的棕色皮沙发里，一支接一支不停地吸着。即使是站在那里，他给你的也是那种蜷缩的印象，那么瘦、那么高的一个人，蜷缩地站在那里……而且他的头发并不算浓密也不算长，但却让你觉得他整个人都在往头发里面退避着，并非因为胆怯，而是由于无聊和厌倦，假如你注视他超过一分钟的话，就会发现他的每根头发上都写满了两个字，算了。他是什么时候出现在这里的呢？真的想不起来了。你问过别人，也都想不起来。有人说是春天，也有人说是秋天。都不大可信。能记得的，是那时旁边有个不大正规的小酒吧，里面设施非常简陋，但有个小舞台，离地面不过十几厘米的高度，面积不过五平米，平时经常会有些无名的歌手来这里演唱。他好像也就是夹杂在这些歌手里出现的。他跟他们的不同之处是，他们来两回就消失了，而他却留了下来。他什么都不在乎，只要让他唱歌，在他唱歌的时候给点啤酒喝、给包烟抽就可以。他的歌都是自己写的，是那种民谣的风格，通常就是他抱着吉他，自弹自唱，自我陶醉式。后来酒吧关门了，把那个小舞台，还有些设备，转让给了隔壁的你们。所谓的你们，就是指你跟唱歌的他，还有其他几个常来喝酒聊天的哥们。区别这些人的特征，不只是相貌，还有醉后的表现。比如说 A 喜欢边继续喝酒边脱衣服，直到脱光为止，而 B 则喜欢在黑暗的园区里漫无目的、面无表情、对任何人都视若无睹地疾行，C 却更愿意躺在浴缸里冲淋浴直到天明。很多人都渐渐喜欢上了他的歌声。要是有外面来的歌手进行正式演出的时候，他还会去做做垫场演出。还有人琢磨怎么能帮他出张唱片什么的，哪怕就在网上卖也是好的啊。他的话并不多，在你们说那些事的时候，他总归是那副伪单纯而又委屈的样子，抽着烟默默地听着。他总是在失恋中，尽管你们从没见过他的任何女友。每次谈及感情的话题，就会有一个没人见过也没人知道的女孩刚刚离他而去，而他又是那么地爱着她。有人怀疑她们可能就是一个人，甚至忍不住在喝酒的时候直接问了他，可是他根本不想有任何回应。有时他会在喝多了之后说女孩子都是低级动物，你只能用既不合情也不合理的方式去面对她们，还要健忘，够冷，她们喜欢石头一样的人，因为只有那样的人能让她们的脑袋在一击之下瞬间变形。当然了，她们也把他变成了歌手，不然的话他怎么知道伤感是什么呢？所有的人在背后都是这么认为的。据说他在政府里的某个部门工作，带有某种保密性质，身份不能公开，但行动很是自由。他喜欢这样的工作，否则他哪里有时间做这样一个业余歌手。他父亲是个领导，对他的生活管得时紧时松，总体上比较宽容，有时还明显有些溺爱。有次大家喝多了酒，一群男男女女闹得过了头，被邻居报了警，你作为主人被警察带回派出所问话，关键时刻还是他给他爸的一个警界朋友打了个电话，没过半个小时，就把你放回来了。所以你打心里看重他，指望着某一天他能帮你做件大事。只是你没想到这个帮助来得这么迅速和容易。近百万的赞助款，他在几个电话之后，就帮你说定了。然后他让你等他的电话，去见相关的机构领导，签订赞助合同。就这样，你等着。从月初，一直等到月底。他始终都没有出现，也没有给你电话。你打他的手机，也是关机的状态。然后你托朋友去他说的那个部门私下核实他的身份，结果却是没有这个人。但那个去帮忙查询的朋友又说，那个部门据说有很多人就是不能查询到真实身份的，所以这个查询的结果，也不能证明什么。那就等他自己什么时候再出现吧，如果他还会出现的话。当然，你觉得他很可能是不会再出现了，而且，那些貌似忧郁而脆弱的人，在本质上都他妈的是危险的。这样想着，你往地上吐了口痰。

蛾子

……一个十来岁的男孩，站在书店的角落里。他只有一个耳朵。侧歪着脑袋，看着白色灯光里的天花板。有时候他会自然地闭上眼睛，一动不动地待在那里，然后过了一会儿，又会清清嗓子，重新睁开眼睛，侧仰起脸，注视着半空中的白光。最后关门的时候，那两个店员完全忽略了他的存在，她们把那个栅栏式卷闸门降下了一半，把原来摆在门口的新书陈列柜推到了门里。他呢，正在另一个角落里，坐在地板上，翻着那本《如何学会飞行》，里面有很多黑白的手绘插图。她们在柜台后面结完账，随手关了灯，卷闸门慢慢地降落，发出低沉的响声。实际上，他还有另一只耳朵，只是被白纱布厚厚地包裹着，看上去就像好不容易才修补起来的有些粗糙的瓷器局部，或者是落在脸庞侧面的一只巨大而又笨拙的蛾子。

芝加哥

……其实，她并没有像上次回来时那样胖得惊人，虽然仍旧比较胖。这都要怪美国，怪那个叫芝加哥的城市。在那里，半年时间，她总是边工作边吃那些免费送来的垃圾食品，后来就胖成这样，正像一位老朋友形容的那样：人的重要性与身体的重量，竟然会如此巧合地同步生成……。那是个经常会刮风的城市，很大的风。有条河，从城市中曲折地穿过。城边还有个湖，因为经常有风，所以湖面总是布满了波纹。但那一天，她竟然意外地看到了平滑如镜的湖水，一丝波纹都没有，跟九月里晴朗的傍晚天空彼此相对应着，夕阳刚刚褪去光芒，给这里留下一份微微暗淡的宁静，仿佛只用了几秒钟就创造了一个简明的人间幻境。是他开着车带她来这里的，告诉她只有这个时候，这里才是最美的，整个芝加哥，就像一堆玩具，在那里慢慢地进入夜晚。他们认识得有点晚。过几天她就要离开这里去纽约了。他们又见了几面。他是个留恋家乡的人。后来，她准备坐飞机去纽约的时候，外面开始下起大雷雨，还夹杂着冰雹。她只好待在机场的候机大厅里，给他打了个很长的电话。我们必须得保持联系，他最后对她认真地反复强调。半年后，她离开纽约回国没多久，就听说他已到纽约工作了。

物事

……这么大的一座房子，要是只有一个人，在寒冬里，即使很多天光经窗而入，也还是像纸做成的建筑，而身处角落里的人、杂物，以及那条多毛大狗，都显得那么地小，跟哪个放了寒假的孩子离开时随意丢下的一些旧玩具似的。后院里，背阴处还有几片积雪，好像从未有过一丝的融化，被完整地塑了型，作为冬天的固定标识。偶尔经过那里，就会听到鹅的叫声，特别响亮，有两只，在前面不远处的围栏里伸着脖子，晃动着。院子里的植物都像文物似的，形容枯槁，沉寂多灰，那样子看上去极为脆弱，似乎随手触碰其中任一棵的一点细小枝叶，它们马上就会全部化为粉末。那狗有时会默默地站在落地窗前，动也不动的，只是望着外面的那个被很多铁架龙骨当空笼罩着的广场。那是很久以前，将一个很大的厂房拆除了屋顶、墙壁以及所有东西之后留下的。广场上停了些车辆，乌黑一片，有的上面还有积雪，都是化过又冻上的，远看像被火燎过的泡沫板残片，落了很多灰尘，晦暗多孔，质地硬实。那狗难得能听到它的叫声。它知道有人在那间靠近大门的小屋子里，就忍不住要走来走去的，因为总想挨着人待着。它甚至还用爪子扒了几次门，没扒开。等了很长时间，里面的人才开了门，让它进去。它钻到桌子下面，从另一面伸出头来，搭在人的膝盖上，轻轻蹭了蹭，等那人下意识地抚摸了它几下，就转身到旁边，在椅子侧面卧下去，闭上了眼睛。它厚厚的毛也是冷的。“……就像河底的鹅卵石，那么大的一个，沉浸在泥沙里，露出的部分，被流水不断地冲洗着，也根本听不到水浪喧嚣，更听不到外面的风声，自顾自的，日益坚硬浑圆下去，虽无棱角，却也不会变得光滑。”看过这段话，就想到井上有一的那个写了很多遍的字，都是那样的固执而自立的样子，没有废话，衣褐戴笠的，就想到古时日渐老去的松尾芭蕉漫游中的形象，通体都在日光风雨的经历里黑得如炭，就不免为自己的那几分忧虑之庸俗而发一笑了，此时天已黑了下来，把手头的事做完，也就有了几丝轻松的意思。到高架盘旋的路口，越过往来的车灯强光，仍能看到远处楼群里散溢而出的纷乱灯光，该是吃晚饭的时候了。寒冬里适合吃肉，而且要找那人多的去处，扎在人堆里，不管是什么样的肉食，只要热热地烧好，带着浓稠入味的汁，慢慢地吃，就是一大快事了。其间有远方朋友提到一种石头的名字，猪肉石。不知什么出处。就像马面草、驴肉木一样，无可考证。食肉可以暖身，走路亦觉轻快，到家中，翻看那本关于井上有一的书，读到他在晚年临《颜氏家庙碑》的事，临得最好的一帖，曾在朋友家看过多次，爱不释手，却又无处可购，抱憾不已。喜欢的是那字的饱满、大气，笔笔都有生命之力，望之可安身心。

时间

……忽然觉得时间马上就要枯竭了，就会看到无数脱离线索的细节开始浮现，在那些与时间全无关系的瞬间交错过程里，每一丝光线与每一点阴影都在彼此消解之际近乎完美……搭在车窗边上的右手，你想它变成鸽子它就立即变成了鸽子，还把影子留在了你的脸上，你觉得从墙后面探出的夹竹桃是放纵的，它们就顿时会张开那些簇拥着的粉白的脸，可它们又是那么单纯，一闪而过，就像旁边的路牌，隐沙路，它让你瞬间联想到的是这样的场景：北面的河堤上，夏天的烈日下面，一群正在搬家的蚂蚁，黑色的，体态轻盈。……站在河堤上，看着漫漫而去的混浊水流，似乎看不出它在上涨。离警戒线又近了一些，比前天上升了三个标准单位，可是那人说这是正常的状态，在我们这里，这样的数据就是正常的，没有任何问题，我真不知道为什么它会把这么多的人搞得慌乱。那我们还有多少时间准备呢？他认真地看了看你的眼睛，平静地说：很久。

你忽然发现自己其实是在他的办公室里，而当你离开那里来到外面的时候，又意外地发现，这个巨大的建筑有点像个新式的教堂，只是没有尖顶而已，也没有敲钟的人。……那些墨绿色的寂静的叶子开始颤动起来，有一些在深处变成了玻璃，银光闪亮的玻璃，它们溢出更为明亮的液体，渗入其他的叶子里，然后再引出更多更亮的液体汇聚在一起，经过一段时间的酝酿之后，忽然涌到了外面，纷纷结晶，散落着发出细微而轻脆的回响，原来是阳光，那棵树原来是在东面，它们碎裂在那些红色的瓦片上，把附近起伏的鸟鸣声都推向了远处……这走廊仍旧是幽暗的，那些寂静的衣物，坠满水珠的纯净水桶，地板上的纸壳箱子，还有一个彩色的小盘子，闪开的门，所有这一切，都在把之前碎裂的时间慢慢地重新恢复到日常状态。

梦

……世界会有三种不同的毁灭方式。听到这句话的时候，天色微明，在远处，从那里到这里，能看到这微薄的光亮铺展过程的细微变化。看得稍微久一点，就会发现远处的地平线在晃动中，再仔细看就会发现，那边缘正在慢慢卷起，不是所有的边缘，而是其中的一部分，就像掀起一块深褐色的粗糙地毯……那被掀起的地方随即涌出强烈的亮金色光的巨浪，其下则是喷涌的火红岩浆，它们紧跟着卷起的地面奔涌而来，速度均匀，平稳有力，甚至不会引起令人慌乱的感觉，能让人清楚地预测到它的方向与范围，所以，对于住在高处的人们来说，这与其说是一个前所未有的灾难，不如说是个令人惊叹的自然景观。人们坐在山坡上，只是少数早起的人，而不是所有的人，他们的脸庞被染成了金红色调，都眯缝着眼睛，屏住了呼吸，看着这一切发生。那些被卷起的地面上，很多建筑、公路、树、车辆，还有逃出来的人群，都是那么地小，就像地毯上的玩具似的，被卷至半空中，再迅速抖落下来，然后淹没在扑天盖地的尘土深处……就像紧急搬家的时候，一切都来不及收拾，就把地毯抽走了，什么都不要了，什么都没有了。就这样，一道巨大的火红的裂缝从下面敞开，向远处漫卷过去，再看最初的地平线，新的一道卷起正在发生，每一道的宽度都有几百米的样子，这样算下来，轮到我们这一块地方，估计还要等上很久。也就是说，我们还有时间在这里待着，慢慢地看下去。而且还好，家里人都在，需要做的是待一会儿去准备足够的食物和水。这是一种方式。……中午的时候，忽然下起了暴雨。透过窗户，可以看到每一条雨道儿都有几米长和六七厘米宽，即使是密集着落下，也能看得清楚它们的每一道轮廓。地面的土层迅速地被击破，每个点都瞬间绽开，周围的土层随之碎裂，从碎裂处可以看出土层的厚度足有半米多，就这样不断地破裂下去……碎裂后的土层被雨水变成了泥石流，向四面八方涌流而去，你知道这是一个地表剥落的过程，照这样下去，过不了多久，所有的土层都会被剥光的，最后会露出岩石层，那样的话地球就会变成一个岩石的球体……比较奇怪的是房子还没有被击碎，里面的人还可以看眼前的一切。就在此刻，雨意外地停了。空中弥漫着浓重的雨气和雾，仔细观察，多少让人欣慰的是，土层只被剥落了不到一米厚，只是余下的土层已变得异常柔软，当然所有的路都已经消失了，留下的都是去了皮的嫩肉般的泥土。有点意外的是，看到了不远处的工厂，那些生产装置的根基都裸露出来了，应该是个炼油厂，因为看到了密集的输油管线。宁静保持了不过几分钟，地震就开始了。房子在剧烈地摇晃，所有的人都跑到了外面，在湿软滑腻的土层上拼命地奔逃，其实根本不知道应该逃向哪里，因为到处都在失控地摇晃着。人们都不约而同地跑到了工厂那边，而此刻这里正发生着真正可怕的变化，所有的管线都断裂开了，里面涌出大量的黑色原油、浅色的成品油，还有液化气，因为瞬间压力很大，很多人被冲到了半空中，或者冲到了附近的沟壑里，没有人可以逃脱，没有地方可以藏身，地面在向下陷落，那些断开的管线以及裂解中的装置都成了掩埋我们的东西，我们已先行坠入了黑暗的深处。这是一种方式。……没有光，从天上到地上，任何光源都消失了，看不到天空，也看不见地面，看不到物，看不到人，什么都看不到，伸着手走路，什么都触碰不到，只有脚下还算切实，知道是走在地面上。一场灾难已经发生过了，可是地球并没有毁灭，不然我们也不会还走在地面上，只是没有了光，就像回到了创世之前，没有风，温度在下降，空气湿润，能听到不远处有人在大声说话，但什么也看不到了，似乎所有人都在四散着走，因为始终都碰不到任何一个人，也摸不到什么建筑的墙壁，碰不到树，或者路灯的杆子，或者马路边的护栏，什么都碰不到，有的只是黑暗，漫无边际。你能知道的，就是气温在下降，越来越凉了。这是最后一种方式。

感冒

……为了祛除感冒的困扰，Z说自己冒雪跑了五千多米，在晚上十点半以后，用了三十七分钟。然后呢，感冒好了么?真的好了，把寒气给跑出去了。他说的时候表情平静，脸是粉红的，就是刚出生的幼鼠那种柔嫩的色调，因为酒精和油的作用他的嘴唇饱满而又润泽闪亮。这是在一家潮州风味的粥店里，高峰期过了，二楼只剩下他们这么一桌客人。他刚喝了碗海鲜粥，感觉舒服多了。介绍他来的那个又瘦又白的年轻人F，少了颗门牙，也是喝了不少酒的样子，但口齿还算清楚，不忘强调自己是个长得很正经的坏人。当你对Z说“你的身体真的很好”的时候，他却忽然有些沮丧地答道“其实不好”，说着又摇了摇头。他看起来有四十五六岁左右，而那个F则不到四十，他太瘦了，脸上的皮肤都有些松，以至于冷眼看去，他跟Z像个同龄人但又保养得很糟糕。他们都在机关里管些事，每天都有应酬，还有谈论延续传统的那些“典故”。让老家伙们安心地养老吧。最重要的还是兄弟。他们把这样的信息很自然地就嵌入那些颇为戏谑的话题里，营造着特别亲切的氛围。后来，你跟Z坐到了出租车里，借着从车窗里透露进来的微暗的街头光线，不经意地打量着他的侧面，在光线里忽明忽暗的右侧脸庞。他讲到自己的办公室，很大，很空，当然也很破，不过没关系，它们不过是摆设。他的兴奋度在随着道路的延伸而明显下降。车子上了高架以后，有十来分钟，他们都不再说话了。他有些困倦，或者说在疲惫中忽然想到了什么私事。后来，他谈到自己十四岁的儿子，是个喜欢研究风水的小家伙，经常会说出让你目瞪口呆的话，你根本不知道他是怎么琢磨出来的……比如他会指着大桥边上的一幢大楼说："这是孤木，周围都是很低矮的建筑，只有它这么一幢高的，是死地。"说到这里，他摇了摇头："我觉得我也不了解他多少，有时会觉得，他就像上几辈的某个人，回来了……"空气里弥漫着湿润而新鲜的雪气。黑色的马路上闪着极细碎的幽暗津湿的光泽，那些眼睛大小的雪花像飞蛾一般迅疾地飞向地面，但在落下时又无比地轻盈，就那么一下，没了，就像是到处都在不断重复的无数蒙太奇镜头，而不是什么完整的消失的场景。这似乎只不过是冬天消解自我的一种方式。在某个特定的时刻里，它为某种必然萌发的力量所触动，然后就进入了这样的无可避免的自我消解的进程。它不再是个整体的，而是变成了无数的局部细节，无处不在发生着细微的变化，只是你还看不到那些正在生成的东西，因为它们只是能量，是气息，是无形的，你所能看到的只有此起彼伏的破裂、融解与脱落。只有草坪上、树冠上，还有高处的屋顶上在积蓄着湿漉漉的雪。最有意思的，就是那些树冠上的雪，时不时地会有一簇忽然地脱落下去，你只是看到某个细枝在幽暗里微微闪了那么一闪，那簇雪就已经消逝在地面的黑色里了，想想看，要是把这些随机发生的微妙的闪动瞬间剪接在一起，以慢镜头连续放映起来，再将远处的钟声作为背景音乐，该是个什么样的效果呢？是把它理解成为让树木发芽所做的最后洗礼，还是理解为向来单调不变笔直而去的时间本身的戏剧化显形？前天就下了雪，不是很大，像某种小情绪。昨天晚上说是有大雪，没能看到，听到这个消息没多久就睡着了，忘了关上台灯。还是今天的雪下得尽兴，以至于当时你根本不知道该如何去描述了，或者说你觉得完全不需要任何描述，去体验就是了。雪花不断融化在头发上、衣服上，而在漫天大雪下面走动的人，就像跟时间没什么关系似的，他不会脱落，只有滑动，在平面的世界上。

别墅

……在那幢藏在幽暗深处的庞大的老式别墅里，几乎每个东西的表面都落满了灰尘。大客厅里的几把老式椅子上都随便地铺了动物皮，那些皮子的毛都是很枯槁的感觉，乱蓬蓬的，只有地面跟人倒是干净的，都是刻意整理过的样子。天已经黑下来了。有条黑背狗，很大的那种，有点不像狗了，那壮实的体格……但毛色也是暗无光泽。主人说，它是不咬人的。当然，这还用说么？F 先生正襟危坐，还是那样，穿得利利整整的，戴个鸭舌帽，还扎了领带。仍旧那么喜欢不动声色，喜欢忽然跟悄悄观察他的人对视，就好像脑后装了雷达一样，总是能感觉到别人的眼光，哪怕是眼角的余光。其他人都是恭敬地分坐在他的左右。他的右侧，坐了位看上去容易让人想起王婆的女人，四十几岁的样子，头发梳理得油光妥帖，在脑后挽了个发髻。她的旁边坐了位二十来岁的姑娘，面相干净，神态里有些刻意的矜持。挨着她的，是个留着花白寸头的中年人，他是盘腿而坐的，足尖从膝盖侧面探了出来，表情和善，仿佛刚练好什么内功，吐纳完毕，很是享受的样子。刚从外面进来的那位客人，并没有马上就入座，而是在大厅里转悠了一会儿。他仔细看着墙上的那些画。有点意外的是，这些画无一例外地糟糕，是对夏加尔的拙劣模仿的港台版。它们都出自那位正襟危坐的老头子之手，那几位陪坐的，不断地将大师的称谓戴在他的脑袋上，在那个鸭舌帽上面，或者说是人造光环吧，有点像个充满气的车胎，涂了金粉，悬挂在那里，而他则尽量显得慈眉善目些。他有六十几了，看上去确实很像个有些道行的长者（如果他没有在一小时以后的饭局上总是习惯性地伸手拍拍那个姑娘的后背或者腰部的话，这个形象至少表面上看还是基本成立的）。他的名片上至少有六个名头。他喜欢每次见到新客人时都要把一份莫名其妙的彩色简报掏出来，展开给客人看，上面有某位领导人在某次讲话中提及他的名字。有时候他会忘了之前已见过某些客人了，以为还是初次见面的，就会再一次拿出来展开它，让客人不得不再看一遍，听他再讲解一回。他的助手是个画马的“大师”，胖乎乎的一个五十来岁的人，喜欢在纸巾上几笔画出一匹马来，签上名字，送给在座的某位初次见面的姑娘。他带着客人们到自己的画室里参观作品，是别墅侧面的一个局促的小平房，里面有张不大的桌子，上面摆着刚画的马，他画的马都是一样的，都“很有气势”，技法差得让人震惊。那位长得像王婆的女人不停地介绍说，教授画的马，比徐悲鸿的要好得多了，更像真的马。最有意思的还是那位喜欢盘腿而坐的男的，他一进到画室里，突然不知从哪里掏出一个相机，身手敏捷地左右上下，给出现在“大师”旁边的客们拍照，还会突然叫一声，不要动，就这样，最好看了。他的动作之敏捷，让人想起那种卖艺的猴子，成年的，惯于保持神情严肃的样子。

他

……他默默地坐在那里，眼光陌生，凝视着什么。黄昏的天光从他背后的圆窗透射进来，把他的脸变成了暗影，以至于要是不仔细观察，就看不出那面部皮肤上正在泛起的一阵阵抽搐的波纹……他似乎试图用思维来抑制或者滤掉它们的影响，这并不容易做到，但他还是尽力在控制着，保持着面无表情的状态。他在凝视的，仿佛不是外界的什么事物，而是内在的，是身体里的某个微不足道的角落，是潮湿阴郁的砖缝里忽然长出来的一枚有毒的蘑菇，他嗅到了它的那种古怪的气味儿，舌头碰不到那里，只能在附近转悠，什么都做不成，而它正在那里伸展着身体，拉抻着周边的那些细微神经，发出尖锐的电流，一阵阵地刺入脑海，制造着无可发泄的愤怒之火，他有时甚至会觉得自己马上就要被烧焦了，整个世界都在扭曲着，散发着硫黄的气息……终极的思想者与虚无者在这里可以转瞬间互为彼此，而装满渴望与信念的小船之名竟然可以是绝望。是啊，世界的基本元素无疑是火，也是水，仅仅是一个微不足道的缺陷，就足以让人坠入极端的水深火热。……在午夜里，那只锯齿鸟仍旧在那里飞来飞去。它把那些交织的藤萝都咬断了，还在那些古老的树上啄出湿漉漉发白的口子。你只能看着它那样来来去去的，毫不在意你的眼光，你在它的眼中是等同于无，甚至连观众都算不上，只是一个空间而已。你甚至只不过是它的思维的某个片断，正在破碎的过程中。你重新开了灯，看着淡金色的光线洒落地面，它也无动于衷，甚至会忽然静止在空中，伸展着翅膀，轻轻地划开空气……你喝水，不是喝下去，而是含在嘴里，是冰冷的水，你听到了火焰被压熄的声音，在脑海里留下一片黏稠的黑暗和寂静，有几缕鸟毛落在了那里，被粘住了，带着几丝古怪的腥味儿。啊，夏天里黑暗的海水温暖而且舒展，可以把头浸在里面，长时间地一动不动，然后再仰起头来，看那明朗的月亮，沐浴它的光华。但这样的时间其实非常之短促，顶多只有半分钟而已，甚至更少，那只锯齿鸟就喷着火飞来了，然后温暖的海水退潮了，露出那些尖锐的黑暗礁石，你站在上面，寸步难行。……那个人对着镜子张嘴，捏住那个智齿旁边坏掉的牙齿摇动着。他觉得它是空的，一个腐朽多时的空壳，是个让人无语的古怪风暴之孔，是藏在某个时间拐角里的小骷髅。后来，他试着用刀子撬动它，甚至把它弄成了两半，可是没用，它还在肉里，掌控着那根绝望神经。医生眼光冷漠，但动作轻松自如，他轻而易举地清除了那个坏蛋，然后止血。好了，咬住纱布。其他的牙齿，在几天后，也都被他彻底地降伏了。他取出了它们的神经，一些极纤细的线，从现在开始，你再也不会有牙痛的事了。为什么？因为它们没有了神经，不怕冷，也不怕热，甚至不怕折断，不怕打碎，总之什么都不用怕了。然后呢？然后找时间给它们做上新的牙冠，跟新的一样。

脸

……他的脸是粉红的。很像刚产下的熊猫幼崽的色调，或者说就像剥了一层薄薄的皮之后露出来的嫩肉，看着就会让你隐约地觉得有点肉疼。这个五十来岁的男人不知道是做什么的。反正他似乎总是很空，每天都能看到他坐在小区北面的那个门口，挨着小卖店外面的台阶，坐在那只小折叠椅上，旁边还搁了一大瓶泡得灰蒙蒙的绿茶。好像每次看到他的时候，他的手里都夹了一支要点还没点的烟。后来才发现，原来他在每次要点烟的时候如果看到刚好有人从小区门进来，都会停下动作，目送着来人走远之后，才会把烟点燃。他身架高大，按理说应是那种强壮的类型，但看他的穿着，却会觉得他很瘦，肥大松散的衣服有些飘然地围绕着他的身体，让你觉得他就是副空架子。从没见他笑过。当然这没什么，很多人都不大会笑。他表情总是很严肃，尤其是有人从他面前经过的时候，他的表情甚至会在路人眼光不经意的一扫而过中凝固，像个尚未完工的蜡像。每天他都是很早就起来了，天色蒙蒙亮，他就站在阳台上，慢慢地抽着烟，俯视着下面……其实除了茂密的树冠，什么都看不清楚。这个小区里种了很多树，种类繁多，好像当初这里曾有过一位绿化偏执狂似的，把所有的空地儿都种上了树。这里还有那么多的鸟，在天未亮的时候就成群飞来，跟沙子落入湖水中似的落入树冠深处，然后就此起彼伏地鸣叫起来，伴随着阳光的出现，它们会从稠密墨绿的枝叶间一阵阵腾空飞出又突然钻入。他从来不会像那些邻居一样，起来就下去四处闲逛，也不喜欢锻炼，他是多么地讨厌抓到园区里的公用健身器材就不松手的那些家伙们啊。他只会在人们上班的时间才会出来，慢慢地走到小区的门口，在那里抽会儿烟，看着人们离开。之后他可能会沿着小区外的草坪一直往地铁车站那边走去，买三个素馅儿包子、一杯热豆浆，边走边吃，等到在小区门口时就吃完了。有时他一日三顿都吃包子。没人会觉得奇怪，因为他家里只有他一个人。他有时会坐到小卖店的对面，就在那两个保安之间，这个时候他的表情要么是从容生动的，要么是冷漠的。他坐到小卖店的台阶前，挨着那几位老头老太太的时候，通常都会不由自主地露出孩子般的表情，看上去就好像很享受地听着也说着平时连自己都会觉得无脑的话似的。这里从来没有人谈起他的过去，就好像他根本就没有过去。也没有人会谈及他的现在或者未来。人们从不谈论他。他就像个粉红色的影子，投射在人们之间，大家要做的，就是默认这个影子只是影子，而不是一个日常时间中变化着的实体，他可以永远如此，似乎唯有如此，人们才会觉得他是个不会让人感到不安的残酷存在的证人。

M

……消失多年的人，重新出现在电话的另一端，就像从未消失过。就好像时间对他毫无影响，而空间的变换也丝毫没有磨损他的固执观念。所谓的变化对于他来说只不过是蜕去了一层本就多余的壳。在这个陌生的城市，他偶尔出现，然后静悄悄地待着，安稳而悠闲地应付工作，几乎想不起去联系什么过去的熟人。生活在他那里类似于某种谈判，跟自己，跟身边的人，也跟付他薪水的人。谈到孤身一人，才慢慢地进入正题。任何道路都有尽头，这对他来说似乎并不是个问题。因为他有的是复杂而单纯的计划，可以让他慢慢地琢磨很久，一步一步地走很久。有些东西就像沉在河底的圆石头，在他的脑海里沉湎过久，无法消磨，也无从掩盖，但他只是希望以不引人注意的方式渡河而去，而不是去研究石头的样子。他下午睡醒的时候，想起了一个人。然后他们在那人的朋友家碰头。那里有院子，有很繁茂的树木，还有几只神情古怪的猫。那场大雨之前，他又想到了另一位朋友。他只是想知道他们的生活，并不是很刻意的，他想看看他们的样子，有什么样的变化。关于他，有大量空白的时段。很多年前，他离开了某地，去了别处，从北到南，又从南到北，他离开了某人，认识了某些人，游离在他们附近，看清了某些规律，觉得恶心。他或许会觉得自己也能变成石头，在河流深处保持着大致的位置，避免了那些有可能令他被雕琢的陷阱。他离开了通常的道路，选了某个最隐蔽的途径，小心地不声不响地慢行。奇怪的是他的样子竟然历经多年而未曾改变，就像一个曾经异常虔诚的信徒，在改宗之后，仍旧留着虔诚的面孔。如果说生活就像个无底洞，那么他的智慧似乎就是能适时地退至洞口，然后再耐心地想着，以什么样的方式再次进入其中。他真的会为当年的那些富于激情的表达而羞愧么？最大的冒险显然并不在叙述之中，而在沉默与持续的退却里，在于对摆脱的重复与执着，在于挥之不去的缓慢裸露的某种动机，以及相应的某些貌似改变的退化的征兆。

幕间

……他有点怒了。在他的周围应是缭绕着变幻不定的光线，它们就像从灯丝里钻出的小妖似的纷纷降临，掠过他的头顶，或立或蹲地待在他的肩头，对他吹着气儿。他应该是站在那里的，左手食指习惯性地弯曲着，慢慢地转过身，靠在桌沿上，那年轻的脸上有种病后初愈般的兴奋。在电话里，他试图以提高声调表达自己的被激怒。因为你们如此接连地迫近，完全不顾及他的感受……人在遭受严重误解或诬陷，还有阴谋被突然揭穿时，才会容易如此吧。你可以想象一下，他的表情是什么样的，那张白净的脸上，眯缝的眼睛以及抿起嘴唇来旁边浮现的细微鱼尾纹，正在微颤着，透出怎样的尴尬、不安和恼火。其实他并不是个擅长伪装、表演的人，但不知为什么，他却觉得自己有这方面的天赋。这是他几分钟里接到的第二个询问内容几乎相同的电话，潜台词是一样的。他知道自己必须马上找到一种语调，既饱含委屈又充满愤怒，还要有那种仿佛无所畏惧的悲壮感……可惜，他没能立即找到，这就使得他的怒意显得犹豫不决、底气不足……他努力辨析着对方的言辞，不相信他们真的会找到什么，因为他根本就没有留下任何证据。可是他不知道，在两次电话之间发生了什么。这一次，他的机敏帮了倒忙，让他迅速犯了错，制造了唯一的线索。他只是改了八个英文字母。很不幸，他运气不够好。听着他那因为紧张而激动的声音，以及那些苍白的辩解，你会觉得，与其说他在为自己辩护，倒不如说是他在下意识地将自己移到了聚光灯下。可是毕竟，他不是贼，也不是罪犯，实际上到现在为止他没有做任何有害他人的事。他只是制造了一个假象，然后潜伏在那里，等待着什么。这些年里，他的霉运每次都来得恰如其分，把他从近在咫尺的虚荣与冲动营造的幻境中拉出来，丢到某个角落里，像个上不了场的小丑，下意识地模仿着主角的姿态与表情。他不知道自己这么长时间以来始终陷在无休止的模仿状态里。但他仿效的都是些貌似主角的丑角，而正是他们在不知不觉中把他变得丑态百出，就像一块被他们踏碎的镜子，胡乱映现着他们的身影。

瘦女

……对于她的瘦削尖脸来说，这双眼睛明显过大了。当她睁大眼睛，站在那里不声不响地看着什么的时候，整个瘦长的身体的作用，似乎也就是支撑着这双眼睛了，让它们在那里一直睁着，大大的，明亮的。看到过她哭的人都知道那是个什么样的场景，大颗的眼泪缓慢淹没张大的眼睛并开始溢出眼眶的那一瞬间，似乎人人都会不由自主地萌生出某种莫名其妙的愧疚感，就好像刚刚不小心做了什么伤到她的事，尤其是眼泪滴落时她的那种浑身颤抖的状态，几乎会让人发生错觉：她随时都有可能整个都变成眼泪，落到地上，然后消失。那时她回了趟老家，过了近一个月才回来。偶尔看到她，总觉得她就像道淡薄的影子，转眼就闪开了。那天晚上并没有人过生日，但还是有人带了精美的蛋糕来，在酒后大家分着吃，然后还是有人会在那里放声唱着，对着投影机在墙上呈现的场景。其实并没有几个人在这里。在这个空旷的大房子里，后来他们围着角落里的那个白色的桌球台子，一直打球到深夜。她自己则继续站在大厅的中央，扶着那个立式麦克风，就那么载歌载舞的，穿了那身纯黑的衣裙……他们觉得奇怪的是，她这么瘦的一个人，竟会有如此宽厚的声音，可以不停地唱这么久。偶尔会有个输了球的人，拿了瓶啤酒，坐在不远处，做一会儿她的观众，为她鼓鼓掌。还有位喝醉了的胖子，坐在小舞台上的架子鼓后面，睡得很沉。后来，她也到了台上，边喝啤酒，边对那胖子低声说话，讲的是自己之前的一些事，比如只身去德国见一个人，然后又独自回来，在老家生病，躺了半个多月，再后来就不停地丢东西，什么都丢，也不知道为什么……说着说着，天就开始蒙蒙亮了。

他们

……他们每天都来。他们说这段时间也没别的事，就在这里待着了。他们五个人，每天从早晨八点钟她出门开始，就一直跟着她。她到哪里，他们就跟到哪里。她在公司办公室的时候，他们就待在旁边的安全通道里，打扑克牌，聊天，抽烟。他们要的，就是她的一个承诺，以后不要再去见一个人。她说，这人跟我已经没有任何关系了。他们不理她如何解释，也不要她口头承诺，就是希望她能在一页声明上签个字。晚上他们就跟着她回家。她开了门，他们就跟进来，坐在客厅里，很有礼貌地跟她妈妈打过招呼，就坐在沙发上，默默地看电视，一直看到午夜零点才离开。一周很快就过去了。他们依然如故。后来，那个领头的年轻人，忍不住私下里告诉她，其实每天晚上他们跟着她上楼之后，那个人都在楼下的车里等着结果。这是个多么难以理解的人啊，她倒真想再见他一面，看看他的样子，可是见不到。忽然的，她在一个睡不着的晚上意识到，他现在采用的方式，跟一年前其实是一样的。只不过那时没有他们参与，只有他自己。他每天都不声不响地跟踪她，直到她出于好奇、厌倦或者某种程度上的孤独感，慢慢接纳了这个怪人，让他进入自己的生活。现在他只是反着使用同一种方式。最后实在没有办法，为了不再麻烦，她在那页纸上签下了自己的名字，声明自己跟这个人不会再有任何关系。他们果然不再出现了。但那个带头的年轻人每天都给她打个电话，每次都透露一点关于那个人如何雇佣他们的事，后来他又讲起了自己的经历。她不再接他的电话了。他就给她发短信。不得已，她换了个号，可是他的短信仍旧会按时发来。换了三次号之后，她放弃了，他愿意发，就发吧。

镜子

……最初，他把那件作品做到了自家的院子里。后来又转移到了公园深处，靠近那个狭长的湖边，也挨着那片幽深的松林。整个施工过程都是他独自完成的。他挖了一个七米深、倾斜七十度、直径两米的洞，从洞口到洞底，直径保持不变，还有石头砌成的楼梯。他尽可能地把洞壁修整得很光滑，然后在洞底装上了一面圆形的镜子，直径刚好与此洞相等，能反映出外面的天空，而太阳在升到某个位置的时候，会刚好直射到镜子上面，把它变成一团火焰般的视界。在公园里完成这件作品之后，他感到特别地满足，他坐在洞口，抽着烟，给一位老友打了个电话。他们很久没有联络了，以至于不得不好好地先行描述一番彼此的变化。他注意到天色慢慢地变暗，变黑，随着温度的下降，他感觉到有股温暖的气息正悄然从洞里浮出，丝丝缕缕地经过他。他感觉自己正处在状态最好的时候。那隐没在黑暗深处的镜子，已经把他的念头起处——天堂与地狱都容纳其中了，它们融合在一起，随后还要分开，在还要等些时候才能升起的月亮发现它之后，他知道那是什么样的情景与感觉，它们之间，无论分离时，还是聚合之际，都是寂静的。他抬起头，眼光越过树林，看到了逐渐清晰的平淡夜空，重新拨打那位老友的电话，但这一回对方没有接。其实，他只是想告诉老友，之前已把做作品的整个过程都摄录下来了，会剪辑出一个小纪录片，到时快递给老友。想到这里，他忽然觉得，自己有点像个影子了，被黑暗完全穿透了的透明体。那些切割得不够理想的镜子，被他摆放在家里的不同角落，这样他走到哪里都能看到自己的身影和神情，它们在某个瞬间里让他忽然明白了，所谓的消失，不过是一个点一个点累积出来的结果，每个浮现的点，都是离去的象征。在做那个作品之前，他跟几个朋友去了趟青海和西藏，看了很多藏传佛教的壁画、唐卡，回来以后，他就一直在考虑自己是不是把信仰确定在密宗上。完成作品后，他计划着再找时间去一趟藏地，好好待上一段时间。他觉得自己就快要想通透了，关于人生的那些大问题。一个月后，向来给人以健康印象的四十三岁的他，被查出得了肺癌，而且已是晚期。过了一个星期，他的那位老友特地从墨西哥赶了回来，到医院里探望他，发现他已经瘦得皮包骨了。他什么都不想说，也说不动了。又过了两周左右，他请老友再来一次医院，他有话要说。他平静地握着老友的手，坦白地说道："我已经没有任何恐惧感了。我的意思……就是，我理解了恐惧的本质。我完全拥有了心里的宁静。现在，我可以回家了，就这样吧……”也就是那天午夜，他要求家人把自己送回家里，回绝了所有的劝告。他回到家中，在自己的房间里躺下。临睡前，他用疲倦的眼光扫了一眼地板上，那里铺了很多块圆的镜子，看上去像被压扁的亮银花瓣，闪着诡异的光泽。他独自安然地睡去，再也没有醒来。

野猪

……它们在黎明时越过边界，踏着浓重的初秋露水，进入墨西哥小镇奥希纳加。那里有1500多公顷农场，农作物长势茂盛。整个白天，它们都肆无忌惮地待在那些农场里为所欲为。它们好像生来就不知道什么叫怕。尤其是不怕人。有人来驱赶它们的时候，它们就大声喧哗，以一种集体欢快而又近乎癫狂的方式把来人吓跑。当地人不知道这到底是怎么一回事儿。在老人们的记忆里，在历代传说里，都没发生过类似的事件。人们完全想象不出，究竟是什么缘故它们忽然就出现了，这种多少有点世界末日式的疯狂状况让他们都不知该如何应对。它们太多了。这些贪吃的家伙无处不在，无所不吃。它们行动敏捷，永远结队行动。没人知道它们到底有多少。一定是有什么东西疯掉了、坏掉了，有个满脸胡子的村长对教堂里的神父报怨道，所以上帝才会先把它们放出来，给大家提个醒，刺激一下我们愚蠢的心灵。神父严肃地批评了他的观点，大意是，最好不要轻率地揣测上帝，把人类的庸俗意图贴上他的标签，面对这样的事情，我们说什么都不过是自曝愚蠢而已。“那请您告诉我，亲爱的神父，”村长有些不屑地反问道，“我们该怎么办呢？”神父默默地注视着村长的眼睛，他们的脸上都没有任何表情。就这样看了足有一分钟之久。村长最后还是忍不住笑了一下。然后他们都没再说什么，各自回去了。每天傍晚，它们会离开这里，在暮色里成群结队地越过边境，返回美国境内。天天如此。最后出来收拾局面的，是当地政府。他们请来了一些退伍士兵，还有很多自愿者，给他们配备了武器。经过耐心细致的统计，发现总共有五万头野猪。它们来自德克萨斯州的普雷西迪奥县。一切准备就绪之后，奥希纳加政府官员对媒体郑重表示：“我们将要屠杀五万头野猪。我们必须消灭它们。因为它们侵犯了我们的生活，侮辱了我们的智商。它们每天晚上在美国睡觉，而白天却在我们墨西哥吃饭！”据调查，这些野猪并不是真正的野猪，也非产自北美洲本土。它们源自欧洲，最初是被当成宠物进口到德克萨斯州的。后来，人们厌倦了，就将它们弃之荒野，任它们自生自灭。而它们呢，就那样不停地繁殖了起来。

瞬间

……只要能晒到太阳，随便窝在哪个角落里都可以，就那么一动不动的，看上去就像冬眠的动物，任由阳光暖暖地照着半个身子。其实时间是很有限的。你听见车门发出沉闷的响声，感觉自己像钻进了温暖的木桶里，侧歪着脑袋，而它慢慢地摇晃着转动，在那过于奢侈的阳光里。弯曲狭窄的马路上，出租车在不时地左转右转，载着你追随着阳光的细微变化，它们时而完整时而破碎地一阵阵涌进窗内，拥抱着你，仿佛要把你变成只会哼哼的白痴，将你的脸定格在恍惚出神的表情中。路边那些梧桐树的叶子多数还在枝头上悬着，古铜色的，浅绿的，或是微微泛黄，阳光就那么轻飘地透过了它们，细碎地洒落在树下暗绿的草坪上，像是河沙里淘洗出来的最细小的金子。收音机里无论播放什么音乐都很动听，哪怕是最滥俗的。你甚至能想象得到偶尔出声的节目主持人的眼神以及嘴唇在发音过程中的轻微颤动，也能看得见那些构成阳光的尘埃，它们就像最细微的绒毛似的，以那种极为静止的状态飘浮在周围。当车子驶上高架桥的时候，它们就会慢慢降落下来，在你的腿上，看上去很像刚刚从棉布的微孔里生长出来的绒毛。整个世界都是异常平和淡薄的状态。从早晨开始就弥漫在那里的薄雾好像没有任何变化。在它们的笼罩下，对岸远处的那些建筑群的样子有点类似于正准备送入炉膛的陶瓷坯，重叠排列在那里，每一个都是灰暗的调子，如同堆在角落里的洗过不久的塑料玩具。阳光只是轻轻地越过了它们，漫延到出租车穿过的视界里。没有什么能在此时唤醒它们。已经临近中午了。在淡蓝色的天空下面，你觉得没有什么是不能宽恕的，而眼下的这点时间，这些纷纷降临的阳光，就是用来点缀这个念头的，就如同一个无声葬礼上的那些鲜润的花环，不断地离开人们的手，覆盖着刚刚离开尘世的某个瞬间。

失踪

……就像住在一只箱子里。他翻了个身，继续睡下去。黑暗里有股浮力在不经意地轻推他的额头，而细微的气流波浪似的掠过眼睑。他又一次蜷缩起身子，把被角搭在眼皮上。听不到与时间有关的任何声响。像裹在很多细白纸屑里的黑色陶瓷杯子，被随意丢在库房角落里的新礼物，挨着那盏通体白色的台灯，你只要用手指头碰一下，它就会变成一团毛茸茸的耀眼白光，但它现在只是黑暗里颜色略浅的斑点，或者只不过是一只悄悄吸满了血就被人随手拍扁的蚊子。他用右手慢慢摸了摸压麻的左臂，还有同样麻木的左腿，闻到了几缕血腥的味道。中午起来，他继续想着。箱子打开，外面就是满地阳光和杨树落叶的冬天。那些卷曲的硕大枯叶，还是不要踩着为好，就由着它们在那种缓慢的焦灼状态中随意体会散漫的惬意好了。那些高大的树冠……他买了两份报纸，还有两包不同牌子的香烟，然后拦了辆出租车，钻了进去。司机的反应似乎有些迟钝。他从后视镜里看到了那双浑浊的多有厌烦的眼睛，周围布满了灰暗的皱纹。在告诉司机地址的时候，他觉得自己的声音多少有些古怪。他又下意识地重复了一遍。司机没有出声，只是点了一下头。进入主干线之后，就堵在了路上。这才是中午啊。他很快又睡着了，感觉阳光晒得眼皮有点发痒。后来隐约听到司机重新发动车子时的咒骂声，好像是前面有人在随意停车。再次睁开眼睛之前，他又想起了那只红色的旅行箱，它搁在了旅馆的窗台前面，或是某个办公室的桌子旁边，而且他也有点搞不清楚，它到底是梦到的，还是昨天偶然间看到的？接着出现在他耳畔的，是低声细语式的描述：她出差了，是个临时发生的任务，要去会见一位重要的客人……然后一天后她就失踪了，有人看到她离开那个旅馆时是空手的，穿了身黑呢绒大衣，手插在衣兜里，短头发，瘦。车到了那个园区里，走不动了，到处都是人。他有些恍惚地下了车，进了那家名为“观察”的小书店，忽然想到自己是没洗脸就出来的。他揉了揉眼睛，又用手指梳拢了几下头发，它们似乎有些发黏的感觉。书店里没几个人。有个服务员在柜台里记账。有两个年轻人，坐在书店南端挨着落地窗的位置上。他看了那个姑娘几眼，装作翻书的样子，靠近了他们。她很年轻，也很明亮，整个人都是白色的。她对面的那个男的有些慵懒地看着窗外，不怎么说话。如果偶尔说了，就会是描述刚刚看到了什么。比如有几个人，站在马路对面的长椅上合影，欢快的表情明显过度夸张了，很像刚从精神病院里跑出来的。或者是跑到马路中间的一只瘦得古怪的小狗。一个不会倒车的又傻又高大健壮的女人。还有个神经兮兮的中年瘦削男，在那里慌慌张张地四处乱拍。她其实一直没能明白的是，这男的说话，描述，只是为了不让她把开了头的话说下去。他看着他们就这样一来一往的，重复着那种古怪的状态。他觉得她看上去有点像个毛茸茸的玩具熊，只是眼睛很漂亮而已。那男的问她，那现在有没有吃饭的愿望了呢？她晃了晃头，没有。要不要听一个很八卦的事儿？她问那个男的。不要。她说你知道你是个多无趣的人么？他听着他们这样说着废话，慢慢退到了远一点的地方。用余光看着，他觉得他们有点像八音盒上的两个脸贴脸的孩子，不像之前那么讨厌了。后来，他坐在书店外的露天座位上抽烟。感觉自己的脑子里终于清楚起来之后，他重新梳理了一遍昨天发生的全部事情，每一个细节都理清楚了，尤其是最后的环节，他认为自己无意间做得没有任何痕迹，而且，她确实是离开了那里，但是，没有人看到她是从他房间里出去的。

跑步

……他跑了五年的步。从最初的每天二十分钟，到后来的四十分钟，他觉得自己完全上了瘾。那时要是每天不在黄昏时跑完步，后面就什么都做不下去。连饭都吃不舒服。因为跑步，他把烟也戒了，酒也戒了。他喜欢一边跑着一边观察学校操场四周的那些树木。至少也有个十几种吧，他说，但他只能认出其中的三四种，还是最常见的树，松柏、槐树和水杉。他经常会觉得，自己跑步的时候，那些树就会融为一体，停下来了，它们再重新分开。那个学校里有很多的树木，也有很多的女生。但她们真的太丑了。好像把整个地区的所有丑女都集中到了这里，而且还那么地严肃好学。但是他还是发现了另外的特质，那就是野花般的勃勃生机，那种什么都阻挡不了的生命力。面对她们，你也只能继续跑下去，以更快的速度，跑出更长的距离，一圈又一圈地。他跑成了一个清瘦的人。后来他去了另外一所学校工作，在那里他继续了每天黄昏时的跑步。那个学校跟前面学校的差别就在于它那里有很多早熟的美少女，她们就像枝头的果子，你刚注意到某一个，它就因为熟透而脱落了，烂在了土里。她们对一切都明白得太早，以至于对毕业离校都失去了兴趣。反正她们觉得自己在哪里都是一样的活法。有一天，当他觉得她们是透明的，就让她们出现在自己的油画里，但穿的是高中生的校服，都有很短的裙子。画多起来之后，他就不再坚持跑步了。而在他的画面里，她们每一次出现，都变得比上次要小很多，有一回他干脆把她们都变成了塑料玩偶，但最后，他还是把她们变成了残缺不全的影子，冷眼看上去，有点像潮湿的墙壁上墙皮脱落留下的痕迹。占据他的画面的，是各种各样的植物，都是局部，它们长得很茂盛，也很凌乱无序，但他也正是用它们来掩饰那些微不足道的人的琐碎身影，充满了欲望的它们似乎正在蒸发的过程中，只是自己感觉不到而已。不画画的时候，或者说无所事事的时候，他会去写写字，用毛笔，在那些淡黄色毛边纸上，临写古人的碑帖。他用写字取代了跑步。据说在他停止跑步之前，曾在网络上认识一位舞蹈演员，她跳的是钢管舞，从视频里看，她跳得非常专业。他用了几个月的时间，跟她探讨舞蹈结构与视觉效果的问题。出于对他那种执着于学术的感动，她决定找个时间跟他碰一面。当然结果不可避免地令他多少有些失望。因为她已经是个结实的胖子了。你会以为，她是那个跳舞姑娘的母亲，或者是阿姨，唯一变化不明显的，可能也就是她的眼睛了，因为它们本来就是画出来的。

沙漏

……浴室的蒸房里，胖男人面无表情地把墙上的那个沙漏倒转了过来："计时的……"回答了儿子的疑问。他儿子很瘦，像条细长单薄的鱼，身上闪动着很多小水珠。"为什么要计时呢？"他告诉儿子，等那些红色的粉末都到下面来了，我们就出去。男孩就盯着那个沙漏看着。它是个玻璃的柱状体，或者说，是两个长度相等的玻璃管对接制成的，但连接处被一个小木头方块遮住了。它是被镶嵌在一块两指宽的有简单刻度的长方形小木板上的。红色粉末非常细小，即使靠近了看，也看不出它们是如何落下来的，只能看出它们在下面一点点累增。那种红色，有点像血液在未凝结时的。他的身材健壮肥硕，肚子又大又圆，其他部位的肌肉也正处在被脂肪逐渐淹没的过程中。而那个孩子真的很瘦，就像一块被用到很薄的淡褐色肥皂，身体的表面几乎看不出有什么起伏的地方。男人伸手用那个木勺从石头的水槽里舀起水，洒到那些烧得滚烫的多孔石头上，随着急促的“滋啦”响声，一团蒸汽升腾了起来，把蒸房里稳定的热气又鼓荡了一下，能感觉到皮肤表面被热的波纹又轻轻推拂了。男孩想要出去。可是男人说他还没出汗呢。男孩又去看那个沙漏里的红色粉末是如何落下来的。显然，对于他来说，这时间流动太过漫长了。这是在冬天里。在一年的结尾。外面还没有下过雪。男孩可能还没见过下雪。他眯缝着细长的眼睛，仔细地盯着那些红色粉末缓慢地累积起来，略微收紧了一下肩膀，双手交叉在一起，扭动了一下。男人看着他的后背。然后透过玻璃墙，看着外面走动的赤裸的身形。他五岁了。你问了他两遍，他才轻声答道。你下意识地想了想自己五岁的时候是什么样子，结果发现一点都想不起来了。应该也就是这样的吧，瘦瘦的，像条小鱼，在星期六的晚上，被父亲骑自行车带入厂里，在弥漫着油污气息的七拐八拐的厂房深处，打开了扇歪歪扭扭的铁皮门，被父亲推进去，脱了衣服，还没等透过雾气看清池子里的水，就已被父亲抱起来，泡到了热水池里，周围传来一些粗糙的笑声。那时你最不喜欢的，就是到这里洗澡，像个案板上的小鱼似的，被翻过来倒过去的，搓得皮都疼，还要忍受大人们的笑声。现在，你看了看自己的肚子，上面布满了汗珠，它们正慢慢地滑动着，汇聚到那道褶皱里。那个男人领着男孩出去了。你想你还可以再蒸一会儿，那个沙漏马上就要满了。

途中

……那些蝼蚁般的车辆在暮色里缓慢拥上引桥的时候，可以发现左右远近的楼宇就像枯树逢春一般在薄雾深处吐露出诡异的嫩芽，它们毛茸茸的淡漠边缘闪烁着微明的光芒，悠然浮动着，对应着那些簇拥桥上炭火般的虹膜，它们眨动之间会闪出黑暗的深隙，很多星辰就坠落到那里，溅起无尽的尘埃，转瞬间又化作飞絮或是雾霭，弥漫在下面似乎已然静止的混沌的江流之上。而你们看到的，就是从这里穿越过去的气息转化而成的沙粒，它们就在你们手里的方形玻璃或者圆镜子上面安静地跳动，发出微弱而古远的声音，就如同寂静深山里传出的细微颤动——流泉渗入岩石的缝隙而倦鸟收拢了羽翼，柔若丝缕的晚风拂过干枯的落叶与草茎之间，让它们轻轻变换了重叠的样子，还有看不到的昆虫在悄然靠近那里……除了耐心倾听以外还能有什么办法足以理解这些微妙的转瞬即逝的变化呢？在电光火石般闪过的温暖里，你们忽然觉得一切都能听懂的时候，它们就再一次被彻底清空了。

失眠

……饥肠辘辘的人，穿过那些水泥柱子的阴影，看到那个老人正在很大一堆垃圾旁边出神，旁边是他的狗，瘦得有风吹过就会不住地抖动身体。他摸了摸衣兜里的那些银杏树的种子，慢慢地经过那里，发现老人在翻找的只是一些空瓶子，而不是那些腐烂的苹果。一些人的影子浮动在并不宽阔的临时停车场上，而制造了长长的阴影的高架桥上始终都在传来嗡嗡的噪音，还有一阵阵冷清的灰尘，落在坚硬幽暗的灌木叶子上，他挥了挥手，那辆送他来到这里的车子就转弯消失在不远处的那个湿漉漉的路口。穿过那些映射着附近灯光的空车之间，他来到了旅馆里，把那些银杏树的果实都掏了出来，交给了前台的那个表情忧郁的姑娘。她送他到走廊尽头的房间里，然后就重新回到了原来的位置上。最近一段时间她深深地被失眠症困扰着。他告诉她把这些白果放在微波炉里转一会儿，就可以吃了，它们可能会帮她一点点找回睡眠。她把它们搁在了抽屉里，上了锁，继续默默注视着外面，透过那道玻璃门。他在床上躺了一会儿，然后起来，从背包里掏出个苹果，放在床头右侧的桌子上，这样就能闻到它淡淡的清香味儿了。他把那把精致的小刀也搁在了那里，还有一盒火柴、几份报纸、一本袖珍小辞典、吃了一半的面包，以及半瓶矿泉水。他数了数烟盒里的烟，还有六支，这时肚子里的那只小动物又开始嘟哝了，他就喝了几口水，可是没用，它还在那里发着幼稚的声音，轻轻地蠕动着……他决定每隔半小时抽一支烟，这样在等待的过程中就不会太过焦虑。还有什么东西被忘了呢？他想了很久，也没想起来，他晃了晃头，感觉里面似乎起了雾，已经弥漫开了，什么都看不清楚。他把房间里所有能放东西的地方都看过了，可是什么都没有发现。那么明天呢？他始终都没有想好应该去哪里，自己到底能做点什么。

孩子

……那时他和他们都住在多伦多郊区，一个老式公寓里的三楼，也就是顶层的那个两居室一个小厅的房间里。他们都在那所学校读金融专业。他十九岁，而他们则是二十六岁。他们有个小女孩，只有一岁半。有段时间他请了假，整天待在这里，足不出户。他们就让他帮忙照看一下孩子。这并不是件困难的事，他只要在她醒来的时候，看着她玩就可以了，她饿了就冲奶粉喂一下，而她是个很爱睡觉的孩子，从来都不闹，也不爱哭。没事的时候，他就在阳台上坐着。外面是个很大的院子，里面有很多茂盛过度的树木，还有很久没有修剪过的草坪，那里有把长椅，还有个秋千，前些天一直在下雨，所以它们现在还是湿湿的样子，慢慢散发着潮气。他在阳台上的时候，如果孩子是醒着的，他就会把她放在儿童推车里，然后打开电视，让她在那里看动画片，或者是新闻。他几乎不怎么打电话，除了偶尔叫外卖送来吃的。接电话的时候也很少。有几次他试着抱着小女孩到阳台上坐着。她不声不响地看着外面的景物，动也不动地把头靠在他的胸前。他不大习惯孩子头发里散发出来的奶味儿，还混合着痱子粉的味道。然后他就会把她抱回房间，重新放回到童车里，打开电视给她看。他一直想买把枪，而且也知道从哪里能买得到，不需要任何手续，只要付钱到指定账户里就可以了。但他始终都没有下这个订单。或许等他们一家人去度假的时候，他就可以买了。想到这里，他来到那个孩子旁边，发现她已经睡着了，就伸手摸了摸她肉乎乎的小手，觉得多少轻松了一些。他看了看外面，天又黑了。

倒退

……那是缓慢的意思。剩下的两个人，跟微弱的风似的，向后退去，了无声息，一直退到空虚的山谷里。凝视山顶，仿佛有树在那里，指示着风向。还可以继续下去，退到那棵树上，像那只灰鸟一样睡在枝叶间，这样就可以隐去所有的名字，无须识认，如同阴影里的斑点。难得有个山里人，却说山里没有人，要找的话，得到山外去等，要等很久，才有可能遇到。他们路过这里，带着很多行李还有马匹，都不认识你，也不知你要听什么消息。他们笑着称你为睿智者，能一个人居于山谷里，像那些鸟，可以餐风食露。他们称自己是愚蠢的人，只知整天负重赶路，没完没了。望着那些人留下的烟尘，你想起这一切实际上都始于一个梦境。而在更早的时候，临睡前，在眼光迷离之际，侧头的瞬间发现镜子里的自己，已变成了另一个人。

不记得

……受失眠症困扰的人，把家搬到了城郊。同去的还有几只猫，一只还病着，走起路来歪歪斜斜的，瘦得像鬼，努力半睁着色泽古怪的眼睛。他选了这个有院子的老房子，是为了院子里那几棵老槐树。这树清静，不张扬。即使满树是雪白的花，或者就算那些雪白的花都落光了，只剩微暗嫩绿的小叶，它也还是那样，就像什么都没发生过。最初几天，他总是找不到一些东西。东西整理好了之后，找不到的依旧找不到。他并没想跟搬家公司理论什么。就这样吧。所有找不到的东西，都是不曾存在的。这样想，也说得通。有位姑娘，坐了两个多小时的公交车，从城东南斜穿过整个城市，来到城西北的他这里。"你这里真乱啊。"她说。从院子里转到了房间里。"你昨晚回复的那三个问题，都是错的，知道吧？"他有些不好意思，笑了笑，好像是。"所以呢，"她看了看屋顶，又看了看他，"我就知道你是记错了人……我也不是湘潭人，你看，也不够小巧……你连我的声音也没记住，还说你记得我。”“我觉得……你写的信，还是很有意思的。”他侧歪着脑袋说道。是晚上十点多的事。往前倒推十八个小时，天还没亮，他们通过一次电话。她正准备在睡前把窗台上的花浇浇水。其实就是些绿色的植物，不开花的，平时不打理，也不会死。他被她的声音弄糊涂了，它们把原本影影绰绰浮在脑海里的一个人的印象抹了去。后来，他去下挂面。她逗弄那几只猫。“没有一只是好看的，怎么挑的啊你？”“不是挑的，”他扭过头大声说，“是它们自己找上门的，赶都赶不走。”“那只好像活不成了呢，瘦成了那样子……没去宠物医院看看？”看的结果，也就是说它活不成了。面里窝了鸡蛋，配有葱丝、姜丝、红椒丝，还有一点香油和盐。他们躺在床上，不声不响地看着彼此。“还是没想起来吧？”她似笑非笑地问。他摇摇头，在想。我好像对你说过，不该画那么重的眼影。“……我今天，没去上班，”她有些游离地说，“跟我合租房子的那女的，整天在哭，弄得我什么心情都没了……我也不想劝她……哭吧……总比什么都不做强些……说明她还能活着，死不了……你觉得我不厚道？”他不经意地笑了一下，摇了摇头。“还想起什么了？”她抱紧了他。没有了，只有你的那个电话号码……我还发现，有好多人名，我手机里的，我都想不起是谁了。她睁开眼睛，把脸对着他的脸，让他再好好看清楚了，免得再忘了。他仔细看着，过了一会儿，小心地用手抚摸了一下她的下颌。“嗯,”她重新闭上了眼睛，“睡吧，我有点困了，明天得去上班了……”可是他还一点困意都没有呢，跟往常一样清醒。

结婚

……他们见过四次面，就结婚了。之前她一直在南极考察站做为期两年的专项实习，每年回来两次。父母把他介绍给她时，她还有两天就要返回南极了。于是她就约了他，去看了场电影。是午夜场。父母破例允许了她的这个想法，但提醒她要多看长处。电影厅里有他们两个，还有个清洁工阿姨。她吃爆米花，不喝饮料。他则相反，只喝饮料，他喜欢喝那种又凉又甜的东西。她喜欢喝白开水。这当然不是在南极养成的习惯。他想听听她在南极的事，但一时不知道怎么开口。她呢，好像感觉到了似的，就自己讲了起来，断断续续的，还看着电影。银幕上放的，是《丁丁历险记》。原来，她有个很佩服的老师，在南极科考基地挂职，希望她也能去体验一下那里的环境和生活。她其实对南极没什么兴趣，尽管她研究的是极地生物学。当时她正考虑转到别的行当去呢。但她还是去了。“因为父母反对嘛，”她低声笑道，“他们觉得我疯了。”其实她自己也是这么觉得的，是有点疯了的意思。她搭乘的科考船，在太平洋上折腾了好多天，总是遇上糟糕之极的天气。她觉得自己当时恨不能变成一个茧蛹，包裹在茧壳里才好。说到这里，她让他摸一下她的额头右上角，这就是在船上撞的，现在还能摸得出来伤口，伤到了骨头了。还有其他的一些地方，都撞伤了。我那个老师，是个特别认真严谨的人。见我到了那里以后，也不务正业，整天就那么待着，不是在那个小图书馆里晒太阳，就是躲在房间里睡觉，就恼火，但又不忍说我，只好自己闷着……他这人呢，其实挺单纯的，对人常常都是看不大明白的，总之就是很宽厚。你喜欢企鹅么？她说这话的时候，他正看着电影走神。扭过脸来，他看着黑暗中的那双眼睛。她说其实她只是在下船的那天看到过企鹅，后来就再也没看到过，因为哪儿都不去嘛。它们就像旅游景点一样，有什么可看的，你说呢？可是所有给我来信的人，都喜欢跟我聊企鹅的事。电影结束了。清洁工阿姨在第一排靠边的座位上睡着了。他们从她身前走过去，她都没有醒。后来在机场送她的时候，他说他准备去南极看望她，在两个月以后。她愣了一下，然后笑了半天。别学我，她忍住笑说，五月中旬，我们会去美国一趟，说是考察一个科考实验基地，倒不如……我们在那见吧，就在纽约旁边的一个小镇上。后来他去了美国，但没能见到她。考察团只在纽约停留了几天，就转道去了加拿大。他在纽约待了一周。不过六月里她就回国探亲了。他们见了一面。她说起跟老师吵架的事。后来老师郑重向她道歉，因为医生对他解释了极地忧郁症的可能性。她说她其实是故意的，根本没什么忧郁症不忧郁症的，她是故意逗老师玩呢，没想到他还真急了。天黑了，他们还在她家小区旁边的公园里转悠着。他说自己经常会看那个考察站的网站。还有她的博客，她每周更新一次，但也只是写写天气变化。她注意到，他的头发有点乱，还长了胡子。他讲起自己小时候，父亲去世后的一些事，包括母亲的间歇式神经分裂症。她听他讲完，也没说什么。九月里，她的父亲约他出来谈话。问了一下他跟她交往的情况。最后满意地说，要是没有什么不好的感觉，明年初就把婚结了吧。他有些诧异。她父亲说她本人没有意见。“到时候，她也回来了，不会再往外跑了，”她父亲继续说着，“我已安排好她的工作了。你考虑一下？”他想了想，点了下头，说：“就按您的意思办吧。”晚上，他给她发了邮件，比较谨慎地说了此事。次日她回复了：最近生了场病，恢复得差不多的时候，就会回来了。

朋友

……五个人来到河边的那个小镇上，住在一幢古老的小楼里。小楼临河而筑，主体是木质结构，辅以青石楼基和薄砖墙壁；外有回廊，每扇门窗皆有镂空木格，乌瓦斜顶，有飞檐；楼内有天井，正方形，四周也有回廊，在这样的清冷冬天里，午时阳光会照射到回廊的西侧南面的一半，适合坐在那里晒太阳。自从半年前做过一次古旧家具展之后，这里再也没有新的活动。那些家具还在楼下陈列着，晚上看去，不管是有灯无灯，都会觉得有几分诡异，让你觉得不好多看，以免有什么气息从里面透出来，惹得不能心安。但真正让人不安心的，其实还是要属楼上靠近天井那里搁着的那顶木制轿子。据说它是专门用来接新娘的婚轿，从里到外都是木质的，做工特别精致，四面都是镂花格子，怎么看都觉得里面仿佛有人坐着，在往外面看。再加上楼里悬挂的都是红灯笼，红光漫溢的，让人易生幻想。

外面天寒风紧，坐在这临河的厅里，尽管开着空调，也还是觉得寒气浮动，让人觉得不自在。几个人喝着热茶，聊着乱七八糟的故人往事，也不能增添半分暖意。过了午夜，对面的那些小楼里已看不到几点灯光了，河面也是漆黑成片，除了我们这里透射过去的几簇暗红灯影，其余地方只有重重叠叠的黑里透黑。虽然是多时未见的老友重聚，但言语间总觉得有些陌生的感觉，要努力把话说下去，才不会忽然地空落。于是大家就努力想着话题，让聊天能够比较自然地继续下去。后来一位山东仁兄回房取来两瓶白酒，还有几包花生米，大家吃喝起来，似乎才多了些生气。他说房间里比这里还要冷呢，床上都透着寒气，根本不能睡觉。这个他确实说得没错，因为房间里备的还是夏天的被褥，哪里当得这样的冷。我们干脆就聊到天亮吧，他提议道。

聊什么呢？以往最容易来兴致的鬼故事，或者灵异故事，早都聊完了，都没了新内容。还是回到现实里，聊聊最常见的却又最容易被忽略的或者说回避的话题吧，比如说朋友。按照山东朋友的提议，我们先各说一位已不在人世的朋友。因为这样的朋友，才可以算是永远的朋友，不会再有变化了。分别讲完之后发现，这五位已故的朋友，都是五年内离世的，两位是自杀而死，两位是死于心肌梗死，另一位是死于酒后车祸，自己把车子开到了河里。他们的共同点是活着的时候对朋友都够义气，死的时候都没有时间跟朋友们做最后的道别，而且年纪都在四十岁左右，都不是贪生怕死的人。自杀的，有一位特别喜欢养金鱼，另一位则爱养蜥蜴。死于心梗的那两位都朋友众多，手眼通天，没有办不成的事，各自都有过不少女人，自封长乐侯。而把车子开到河里去的那位，则最受不了一成不变的生活状态。讲完他们的事，大家就沉默了一会儿，然后就共同为他们喝一杯酒，算是纪念。

我们抽了很多烟，让空气都变得有些刺眼。有人提议再各讲一位行迹奇怪的朋友。阳江的鲁兄讲的是北方的一位喜欢上舞女的朋友，此人四十未婚，只有过一次恋爱，还是暗恋嫂子。后来认识了个在那种地方上班的舞女，样子跟脾气都特别像他嫂子，他就爱上了她，也爱上了她的两个小孩，男孩两岁，女孩三岁。他把辛苦挣来的钱多数给了她。还为了她动过几次刀子，捅伤了人。后来为了证明自己的感情是纯粹的，他还试图去抢劫储蓄所，但失败了，被迫隐姓埋名逃亡在外，一逃就是三年。他避过风头回去的当天，就见到了那个女人。她领着他去理发，买了新衣服，吃了顿丰盛的晚餐，然后就消失了。说是去了韩国。他还在等她回来，在那个北方城市里做送水工。松江的史兄讲的是一位得了整容癖的朋友，意外发了财之后，前后整过三次容，每两年一次，据说后来连声带都做过手术，变了声音，谁都认不得他了，而实际上他早年的理想是做个私家侦探。山东仁兄讲的是一位女性朋友从妓女转行做了心理咨询师和风水师的故事，他为自己选的墓地都是她帮着选定的，是个山清水秀的地方，说是足以保证将来三代人的富贵平安。最后讲故事的是河北李兄，他是个书法家，好古琴，喜欢品茶，他讲的是一位执着于禅宗的朋友，修行了二十多年，悟出了一个火字诀，认为一切不可开解、执迷不悟的人，都可以用火来解开迷障。后来他结识一位四处化缘修庙的僧人，就陪着那位僧人一起化缘，数日就化得几百万善款，然后陪其回庙组织施工队将庙宇修缮一新，完工之日，他放了把大火，将这庙烧了个精光，结果被抓起来判了五年刑，而那个僧人则还俗了。

这五个人里，只有一人善饮，其余几位酒量都有限。我是最先醉倒的。是什么时候倒的，我是完全记不得了。醒来的时候，发现已是次日正午。发现自己是睡在房间里的，盖了两床被子，挣扎着坐起来，感觉头很昏沉，怎么都想不起来是谁把自己弄到床上的。屋子里开着空调，但估计也就十一二度的样子，坐了没几分钟，就觉得冷得透心。穿好衣服，起来到各屋看了看，发现都是空的。然后来到大厅里，发现桌面都收拾干净了，连酒瓶都不在了。开了门，在外面的回廊上，看见白亮的阳光在河面上动荡着，但风还是很冷的。河面上有些小船在慢慢地摇晃着划行。我努力地回想着醉倒前的场景，同时注意辨别区分之后直到醒来前混乱的梦境。想来想去的，总算想起了一点内容，是鲁兄有些低沉懒散的声音，大意是在说，朋友么，也就是逐渐会脱落的东西，是你的时间里没法补上的黑洞，是……越来越寂静的……不同的形状不规则的空间里的镜子碎片，供你拿来照见……也让你产生幻觉，以为自己是不会脱落的……。期间还有声音说，要是没有话题，没有要说的事，或者说要是没了说的冲动，那还不如不聚了的好……。但说实话，我真的没法确定这些话究竟是不是他们说过的，因为也很有可能是我那些乱糟糟的梦境里的。这时候，外面传过来一阵喧哗声，似乎有人在叫我的名字。我来到回廊上，发现下面的一条小船上，他们几个从篷里伸出头来仰望着我，他们的牙齿在阳光里显得很白，嘴里都冒着白汽儿。我本来还有些恍惚地以为他们都已不辞而别了呢，不过今天分开后，下次再见面，确实也不知道是何年何月的事了。

阳光

……他们坐在外面的回廊里等吃的东西。正午的阳光越过屋檐，温暖地照射到他们的腿上，但要是只看不远处与地面相平的浅池里的水，则会觉得其实阳光并没有那么地明亮。水是清澈见底的，表面的轻微波纹投射到水底，就变成了这偶尔波动的底纹了……它们不断重叠掩映着，很难分得清谁是谁的影子，都是那么地细微。如果视线继续向前延伸，就会看到比水面略高处的那些石头外沿留下的阴影，而要是仔细看那阴影里的话，还能看出那些树枝的残片般的影子。树都在外面，各种各样的树，都是光秃秃的，在阳光里，那些明亮得清晰异常的枝干显得很是虚幻，无论怎么看都像似某种错觉里产生的瞬间印象。D的住处院子里也有很多树，有冷杉、香樟、桂树，还有枇杷树，它们遮蔽了很多阳光，每天那幢老楼前只有几小块地方能被阳光照到。楼下住着一个老婆婆，她最大的爱好似乎就是晒东西，大大小小的衣物，有时只是一方手绢，或是一条内裤、两双袜子……阳光出现在哪里，她就把东西晒在哪里，紧跟着阳光的移动，始终都让它们待在阳光里。就像做功课似的，因此在有阳光的日子里，她总是要为此花费很多的时间，直到阳光彻底从楼前消失了，她才慢慢地把晾晒的东西收起来。听到这里，他们都有些走神，注视着那些被阳光照得亮晃晃的树。香樟树是什么样的呢？Y 眯着眼睛问道。D 形容它的树皮很粗糙，但你的描述则相反，它的树皮纹理其实给人留下那种精致的感觉……它的叶子很小，很密，尤其是发出新叶的时候，特别地美，因为刚生出的叶子是那种嫩绿中透着淡淡的金黄的颜色，就好像是被叶丛深处透出来的光泽映得微明似的，尤其是在没有风的时候，它似乎通体都在弥漫着清幽寂静的气息。

墓地

……他四十三岁时，忽然悟了，变得话少、嘴严了。平时走路也颇有几分从容淡定的意思。没多久，就当上了部门的领导。又过了几年，等那帮老的一退，他就成了单位的领导。后面的事也是顺风顺水。大家都觉得他是运气好，不是一般的好。也就是因为他没什么明显的缺点吧。不管别人说什么，他都不在意，也不回应。你找他说事，他就听着，可听个半天，也不会说什么。最后等你说累了，说腻了，也就算了。他始终态度温和，没有丝毫烦的意思。过了五十岁，他女儿也到国外读书去了。没多久，老婆去世了。然后就是几个单位合并重组。他也没去争什么，就要了个清闲位子，过平静日子。后来因为一个重要的项目出了事，单位里的几个领导都有干系，被撤的撤，调的调，结果是他成了一把手。上面领导找他谈话，语重心长地嘱咐，我只要你给我看好这摊子，别再出事儿，稳稳当当给我看三年，就是你功德一件。他点了点头，别的没再多说。很多人给他介绍女人，想让他续上，都被他婉谢了。以至于大家都觉得，这位爷是个真没欲望的人啊。都想不明白，他坐这么好个位置，干什么用呢？他这么一个精力充沛、不显老态的人，生活极有规律的人，在这么一个花花世界里，如此这般单调地活着，大概是有什么不为人道的毛病吧。后来，他喜欢上了考察。几乎每隔一段时间就会出去一次，但只在国内转。有次在南京碰上了一位高中时的老同学，就知道了好多位老同学的联系方式。发现同学最多的地方，是深圳。他就去了。找了当地最好的饭店，把十来位老同学都请来了。大家互相辩论了半天，才逐个对上了号。人人都老了，但都觉得他没见老。他有点惭愧，因为看到大家确实都老了。尤其是女同学，都老得不成样子。他最见不得女人变老。一大桌子人把酒言欢，他的话也还是少。但因为大家都比较兴奋，也就显不出什么。只是他觉得，一群老年人的兴奋状，未免有点闹哄哄的感觉。人人都想尽可能地讲完自己的历史，人人又都没有足够的耐心听，结果就只有一些片断。他破例喝起了酒，是白酒。最后一位出现的老同学，是大家快要吃完的时候才赶到的。她就是他们当年的校花，刚从香港开车过来。她的出现，衬托得所有人都显老了。她看上去像四十来岁，还是那么地瘦，白净，眼睛黑黑的……跟当年不同的是，她现在化了浓妆。他旁边有个女同学低声对他说，她是整过容的。他点了点头。她的故事，是最多的。三十岁离婚去美国读书，然后到英国发展，嫁了个香港富翁，落户到了香港。后来跟富翁离了，自己做生意，各种各样的生意，以至于没人能说得清她究竟做什么生意。不管怎么说吧，她还是那么地漂亮。在他们中间，她就像夏末废墟上一棵老柳树，仍有依依的风姿。知道他的行程很宽松，她就主动要求带他去香港玩两天。众人都觉得是好主意。他也挺高兴的，就多喝了几杯。她开车带他进入香港的时候，已是午夜了。他摇下玻璃，让风吹吹脸，才感觉清醒了一些。他看着她的侧面，她开车的样子很是从容。他想起当年她当领唱的事，她笑着说，我现在唱歌也不错啊。在车子驶入她家所在的那个街道之前，她随口唱了首当年唱过的老歌，梅花。好，他听完之后，点了点头说道。她家是个老式别墅，里面有很多房间。客房在一楼，她住楼上。他忽然觉得有些累，差不多躺下就睡着了。次日中午，吃过饭，她就开车带他去四处转，一直到晚上才回来。次日她早早就出去忙生意的事了。他自己待在家里看电视。第三天晚上，她买了很多好吃的东西，还有一大捧鲜花。说是要好好跟他喝喝酒。白酒。他说好，那就再破一次例吧。酒过三巡，他有些晕，心情很好。她坐到他旁边，拿起他的左手，仔细看了看。你信不信命？他想了想，摇了摇头。她微然一笑，说，你这个人呢，福分是有的，而且不薄，不用怎么努力，该有的就都有了，但是呢，你是孤独的命相，六亲离散，骨肉难聚，没法跟你分享福分……你会长寿，还有二十五年至少。而且啊，晚年还会有喜事，三年内。后来，她离开了一下，然后又重新坐回到他的对面。他靠着椅背，左手握着右手，放在并拢的膝盖上，觉得心里暖暖的。他觉得自己可能是醉了。她把桌子上的东西收拾干净之后，回房拿来一叠纸，展开铺平了一看，原来是香港的地图。她掏出口红，指点着上面，告诉他哪里是最繁华的地段，哪里是最贵的地块，那里是海……那里有一个小岛，是人工的。上面有个养老院，旁边是个老年人俱乐部。她随手又取了瓶红酒，每人倒了一点，他喝了，感觉涩涩的。她说在那个东南角，是新开辟的墓园，她在那里买了两块墓地，一个是给自己留的，另一个原本是给前夫留的……风水特别好，是岛上的一个小高地，正好面对着海……明天我们可以去那里看看，是个很舒服的地方……跟瓦雷里的《海滨墓园》写的感觉非常相似。他不知道瓦雷里是谁。他含糊地听她低声念出的几句话里有一句是“多好的酬劳啊”，眼睛就忽然有些模糊。后来她很认真地看着他，说是这块墓地，我想给你。他很认真地点了点头。她拿来合同，他就签了。几天后他飞回了家，然后就生了场病。持续低烧，找不到原因。在医院待了一周才出来。回来就收到了她快递过来的合同文本。后来他们偶尔会互发个短信，彼此问候一下。还通过一次电话，是午夜里，她从多伦多打来的。聊了几分钟，她的声音很温柔。说她最近参加了一个唱诗班。她还说到他的手，那么软，难得。跟那些老同学，他又聚过几次，她都没来，正在国外忙生意。有人神秘兮兮地问他，知不知道她移民加拿大了？他不知道。那人接着又问，知不知道咱们同学里最迷恋她的人是谁？他出神地想着，想不出来。那人就说了个名字。不是上周过世的那位老兄么？正是。那人说这位老兄临终前还想见她一面呢，但也是没见着……不过还好，她把自己的墓地转给他了，就在香港的一个小岛上，据说是块好地方。

阉猫

……他们很晚才到，因为始终找不到一张图。之前人很多，把这个小餐馆挤满了。服务员不停地端上烤好的各式比萨、量足的薯条、油汪汪的鸡翅，还有大杯的冰可乐，同时还在不时地随手添出几张小桌子和椅子，在原来的过道上，随即就坐满了人。几个外卖送餐员穿梭其中。他们的统一制服看上去就像橙红色的软甲，把人包裹得很是壮硕，还戴着有红色花纹的头盔，也有的只是把头盔提在手里。两个小时转眼就没了。很漫长。桌面上摊开着几份新报纸。手心里在出汗，不知不觉就沾上了一些黑色，然后又沾到了书皮上……不知道怎么能弄掉。问服务员，有橡皮么？他们来的时候，餐馆里已空出了很多桌椅。穿过桌椅间，放下背包，他们坐到了对面。要了很多吃的。三个人默默地吃着。他们的背后，是几个年轻的外国人。男男女女的，都很漂亮，像新出的硬币，似乎低头说笑声都是叮叮当当的。后来只剩下他们三个人了，还在闷头吃着东西。后来他说起最近每天都睡得很晚的事儿。不知怎么了，就是不想睡，一直拖延着，直到早晨四五点钟。坐在对面的他们继续吃着，咀嚼的样子有点莫名其妙的严肃。他接着讲到在后半夜认识的几个女的，主要是她们不同的怪癖。当然了，人人都会有点什么怪癖，不只是她们。凌晨三点钟认识的那个女孩喜欢收养有残疾的猫，都是被人丢弃的。她自己也有只猫，是健全的。她家里现在据说有七八只猫，都有着各种各样的残疾。她雇了个保姆，每天来照看打理它们，还特意分出个房间给它们专用。因为她不想让自己的猫与它们混在一起。它是公的。三岁了。也就是说跟她待了三年了。从她上个月搬家到这里开始，它就一直处在发情期，变成了一个令人讨厌的家伙，每天竖着尾巴焦躁地走来走去。情欲会把猫变得像人一样肮脏……可能再没有比发情期的猫更可怜的东西了。它每天都试图想尽办法钻到那间养残疾猫的房间里去，但从未成功过。这个家伙到处吐毛、喷尿。她只好让窗户敞开着，不然屋子里是没法待人的，那味道真难闻。它是别人送给她的。这些天她谈论的主要话题，就是到底要不要阉了它。这样对它是否公平？他觉得这其实应该理解为一种解脱。他们吃得差不多了，默默地看着他。他们都不喜欢猫，他也一样。在他继续讲述她家里的场景时，他们显得有些心不在焉。她是个有洁癖的人。他都不敢穿她的拖鞋。那只猫尾随着他的散漫脚步走来走去时会不住地用身子蹭他的腿，他小心的用脚把它推开，可它还是会继续挨过来蹭着。他们问起他的女友有没有消息。他说没关系。

他说你们不知道我有多讨厌那只猫。你们还要吃点什么不？他们摇了摇头。他又要了两份炸薯条，自己慢慢地吃着。她在送他出去的时候，说她决定了，后天带它去做那个小手术。医生提醒她，晚上要给它禁食的，什么都不能吃，也不能喝水，否则的话就得再等一天。他们抽着烟，外面又下起了小雨。他低头把薯条吃光了，然后把手机里的一条短信给他们看，是他女友发来的：在你神经恢复正常之前，请不要来找我，谢谢。

开幕

……他们钻到展墙的后面，坐在椅子上，拉起一道遮光帘，抽着烟，看着外面。他们把烟灰弹到旁边的一个纸箱子里。外面不远处，就是那条江，光滑的江面是灰色的，看不出在流动。这座大楼周围的建筑也都是高层的，都是四面的玻璃幕墙。在阴沉的天空下面，大楼间的草坪、灌木还有不多的树，远远看上去感觉有些荒凉。侧面路边的公交站上，坐着一个人，很小，淡红色的，就好像整个世界就剩下这么一个人了似的，一动不动地待在那里，像个斑点。他们中的一个起身转到展墙后面的展厅里去了。剩下的那个人继续抽着烟。他能听得到展厅里的脚步声逐渐密集起来。后来那些脚步声消失了。估计是都到前厅里去了，在那里等着展览开幕。先是主持人对着麦克风发出的讲话声。然后是掌声。接着是个女声在致辞。他听出来是谁了。她的作品就在这个展厅里。所有的画面都是模糊的女人裸体，粉红的，看不清面目，没有细节，跟周围的植物是一样的状态，仿佛都在被空气迅速地稀释着，过不了多久就会消失。她的声音听起来多少有些做作。她在国外的生活与感受。个人的处境。观点陈旧而且乏味。七八年前她就是这样的么？她戴了那么一个样子可笑的帽子……之前他们从电梯里出来的时候，她似乎并没有认出他。她是戴着眼镜的。可能是因为太兴奋的缘故吧，她的眼光被那些纷纷涌现的来宾弄得没了方向。后来她还把跟在身边的那个面色黑黑的健壮男人介绍给朋友们，是她的男友，一个工程师，还是个爵士乐队的成员，吹萨克斯。她的皮肤还是那么地白晰，只是额头上多了些细小的皱纹。她的演讲激情澎湃，被主持人及时地打断了。当然主持人说的也都是陈词滥调。正在他侧耳听着的时候，一个人出现在了他身边，坐在了旁边的位置上。是他之前在展厅里认识的一个大学生义工。一个天真而又容易焦虑过度的姑娘，有一张动画片里才会有的那种女孩子的小圆脸。他之所以会跟她聊起来，其实只是因为他忽然闻到她身上有股奇怪而又有点熟悉的淡淡香味儿。她觉得他对她的性格分析非常准确，还想再听他详细解释一番。她是顺着烟味儿找到这里的。可能是因为有点紧张，她的脸红红的，充满期待地睁大了眼睛。他慢慢地说着，每一句话都会引来她的点头。他说你的焦虑是弥漫型的，会让周围的人无所适从，难以承受，然后悄悄地远离你。她有些委屈地看着他，那你算一算我今年有可能结婚么？基本上没这个可能了，他说着顺手把烟掐了，从半开的窗户缝里丢了出去。她沮丧地看着外面。过了一会儿，她又忽然想起来似的说，你知道那个女画家的事么？他侧头看了看她。她说我听人家说，很多年前，她还在这个城市里读大学的时候，曾经跟两个男人同时谈恋爱……后来……她就跳了江，就是外面的这条江，之后就退了学，出了国……她跟我说，她以前有严重的忧郁症，现在完全好了，看什么都会兴奋……你喜欢她的画么？他犹豫了一下，表示还没来得及细看，只是扫了两眼。她说我觉得她画的那些女人……好像都是同一个人，就是说，是被分成了很多片的一个女人，薄薄的，一片又一片的，看着她们，我不知道为什么，就有点难过……是不是我也可能要得忧郁症了呢？她的眼睛，有些往外鼓起似的。他转过头去，重新看着外面，看着远处灰蒙蒙的江面。

谈话

……再过几天，他们就走了。去新加坡，但要先到澳门。按原计划，一周前就该走了。他不放心自己的生意，还有很多事需要交代，还有些重要的会面，而她尽管看上去越来越笨重了，但离预产期还有足够的时间。想想即将降生的孩子，即使疲惫的感觉不断在他的脸上涂抹阴影，他仍旧保持着轻松的神态。他喜欢这样的感觉和状态。觉得自己的眼光所到之处，可以让任何人瞬间恢复记忆，意识到自己该去做什么。傍晚开过会，在酒店大堂里吃过饭，那两个健谈的女人意犹未尽。仿佛之前的谈话只是序幕，一个婉转的靠近过程。她们看出他心情不错，所以不想谈话就此告一段落。她们也很想看看那个幸福的女人。还有别的好奇心理。随行人员早已疲惫不堪了。可他还是如她们所愿，请她们到家里坐坐。汽车的灯光在别墅区里缓慢地照亮路旁的树丛，他困倦地靠在副驾驶位置的椅背上，闭着眼睛。车在路的尽头停下的时候，他几乎睡着了。随行人员有些犹豫，但她们已跳下车，做出顽皮的样子，用指关节轻轻敲击车窗玻璃。他看到院门敞开时透过来的亮光。穿过院子时，他脑海里还残留着之前半梦半醒中浮现的那些湿漉漉的阳光，还有软绵绵的树影和卧在树下的犀牛，它嘴里还在咀嚼着石头，真是好牙口，那么一双灵巧的小耳朵，跟灰褐色树叶似的，不时抖动着……宽敞的客厅里灯光明亮得有些刺眼，空调风温暖地吹拂，他在坐下时脑海里就已恢复为白昼了。他让她从楼上的卧室里下来，坐到他身旁。她穿着一身黑色的丝绸睡衣，偎依着他，让柔软的肚子贴近他。几个随行人员散落在角落里，为了驱除睡意不停地吃着水果和点心，就好像之前的晚餐根本就没吃过什么似的。她们热烈地看着她的身子和脸庞，赞扬她的美貌丝毫没有变化，提醒她在这段时间里要注意些什么，都是老生常谈了，但她也只能不时点头称是，保持着矜持表情。于是她们开始漫无边际地谈了起来。两个小时转眼就过去了。她们谈兴未减。他半闭着眼睛，右手握着她的左手，貌似在听，又似乎没有听。她在等她们的谈话很快就结束，无果之后，又期望能暂时告一段落，好让她重新回到卧室里。此时她们的眼中好像已完全没有她的存在了。她们把之前谈到的话题里隐含的小话题发展成新的主要话题。她的表情有些茫然，默默地注视着她们的嘴。在场的其他人等一时都不知道该如何提醒她们这场谈话应该结束了，只能不时刻意地清清嗓子。可是她们毫不在意自己声音以外的任何动静，就好像要全面证实到了这个年龄的女人唯一的功能就是说话，而不像她们面前的这个年轻的孕妇那样还有很多的可能。有些瞬间，她们用忽然陌生而又冷漠的眼光悄悄打量着她，而同时说的话却是热切如初的调子。她好像完全感觉不到她们的眼光似的，继续茫然地望着她们后面的某个地方，跟几天前歇斯底里地痛哭之后的表情几乎没有区别。实际上她们对她的形体变化看得非常清楚，没有哪个地方不在变形的过程中。奇怪的是她身边这个男人怎么会喜欢她呢？凌晨一点钟到了，他忽然睁开眼睛，转过头去，看了看她，仿佛担心她会变成影子似的轻轻拍了拍她的肩头，然后是脸颊。她茫然地看着他。他吁了口气，对她们说，就这样吧。

蝇

……空气里弥漫着复杂的香味儿，而正午过于热烈的盛夏阳光使之变得更为浓郁，或者说让其中的每一个分子都经历了很多次爆裂重合的过程。要是仔细辨别的话，还是能发现周围重重叠叠的针叶折射过来的细微光线是怎样与阳光交织在一起的，而且每个层次的密度都有所不同……没有一丝的风，似乎来自空中的热浪本身都在持续凝固中……那股金黄色的松树脂最后还是流淌了过来，但是用了很长的时间。那时它正在晒着太阳，而树脂又流动得异常缓慢，所以它毫无察觉，或许它也注意到了眼前正在慢慢堆积隆起的被阳光照得色泽特别的东西，甚至隐约在其表面看到了自己身形的模糊投影……可是阳光显然太过热烈了，它的位置刚好是森林里的一片空地，而它身下的松树刚好是明显倾斜的，大半个树干都被阳光照得白亮耀眼，谁还会想着动一动呢？何况周围又是那么地寂静，即使是蝉鸣的喧嚣也不过是这寂静的点缀而已，就像弥漫在空气里的花粉，落到薄薄的翅膀上也不会有什么异样的感觉，只会让它觉得更加地惬意，任何动作都是一种浪费啊，甚至就连伸出一只毛细的小爪习惯性地搔搔脖颈都是不合适的，最好的选择就是不要有任何动作……而那股温暖的金黄色液体忽然包裹它的额头那一瞬间它仍旧处在沉浸的状态里，不过是一种温暖的积聚，而它来不及分辨其中的区别，三只单眼以及两只复眼里所有的小眼有生以来头一次也是最后一次获取了完全相同的图景与光亮，骤然的透明，刹那的模糊，它只来得及下意识地做出伸翅并收紧身体的动作的开始，就像要做一个深呼吸的动作似的，但是那股温热的液体已完成了对它整个躯体的淹没，或者说包裹吧，里面的它，那只一亿多年前的苍蝇，仍旧是那么安静地看着什么，竖着那只细角，没有受到过任何惊扰，保持着那种最好的状态，散发着诡异的香味。而那棵树，还有其他的那些树，整个的那座森林，都已是黑亮的肌理细腻的煤了，只有它是淡金色的。

L&K

“……意外的不是发生了什么，而是什么都不发生。”这话是不是意味着，观众脑子里那些根深蒂固的繁杂程序没有任何启动的机会，或说没受到任何因素的触动，尽管它们蠢蠢欲动而又不动声色地搜寻着，对于始终寂静的界面来说备好的意图变得毫无意义？透过字面，观众能感觉到的潜台词，似乎完全可能掠过五十岁的生物学家 L 大师跟三十岁的行为艺术家 K 会面之前所营造的气息。会面是自然而然地发生的。晚饭过后，他们的行动路线极为随意，整个过程充满了漫无目的的谈话和习惯性沉默，让观众觉得他们两个仿佛走在一个没有背景的世界里，每一步似乎都在清除周围的事物，留下空白……这座过于复杂的大城里的所有细部似乎都会被他们随意化为乌有，让观众最后以为他们与其说是走在城市里，倒不如说是走在漫无边际的白纸上，就像两个并行的黑点，既没有画出线，也没有连成线，更没留下任何可供观察的图案……他们走到哪里都一样，就像他们的存在与位移只是为了证明空白本身，而不是为了掩饰空白的虚无。对于向来热爱年代久远的默片艺术的L大师来说，这样的状态尽管不是期待中的（因为他平时极少对什么事情有所期待），但刚好满足了他一直以来试图让被遗忘的默片以他喜欢的方式“随机还魂”的念头，所以最让他满意的就是，K从碰面开始就丝毫没想把会面变成一种有意的“行为”，而且近乎本能地自觉与他分享这种空白的彼此同在的状态，没有吃力的感觉……就像她举的那个在北方室外头回滑冰的经历，尽管有些紧张和站不稳，但她很快就感受到了在冰面上滑行的乐趣，同时发现，之所以寂静平滑的冰面隐藏着如此多的神秘乐趣，一个主要原因就是除了空旷与光滑，它什么都没有。L大师破例赞叹了这个妥帖的比喻。或许唯一对他们的会面有所影响的就是湿冷的天气。随着道路的延伸，他们对于温度渐渐有了敏感，从白纸上不可见的填空题里的两个貌似关联的“空”，慢慢变成两个答案里的词语，但是这个城市的古怪之处就在于它总是在你需要停顿时关上了所有的门。L承认自己对这里街道的空间结构完全没有概念，虽然他对于几何学也颇有研究。而对于K来说，比较满意的是直到此刻自己对L老头的言行仍旧是兴趣盎然。另外，观众对于K的面脸线条的变化也是有所察觉的，在不断出现的特写镜头里，那些线条悄然从生硬单调变得柔和丰富起来……

A&Z

……年轻的艺术家 Y 从小卖店里出来，把两包烟揣到松散肥大的绿色外套某个隐蔽的口袋里，戴着那个好像有四五个角似的红毛线帽子，像株活动的芭蕉树似的回到他们中间，一起穿过灯光斑斓的寂静马路。在对面的那个狭窄而喧闹的酒吧里坐下之后，A 注意到艺术家 Y 背后不远处的墙壁上方挂着一块长方形的镜子，它的上沿明显向下倾斜着，这样刚好能完整地映照出下面的人们和座位，使这有限的空间显得不那么压抑。他的斜对面坐的就是 K，在一个小时前的最后一条短信里，她邀请他到这里来坐一会儿，跟朋友们一起随便聊聊天，这里有脾气奇特的美女跟趣味古怪的作家。他淡定地翻看着自己的手机，里面显示的是一些密密麻麻的英文，没有图。时间已经很晚了，面对这些陌生人，他不知道自己能说些什么。只有旁边的那个男人有一张似曾相识的老脸，他奇怪的是这个人为什么那么开心地笑着还不时注视着对面的 K。他们在玩着他所不知道的游戏，就是猜人名……要参与么？无所谓了，既然来了总归要跟他们一起玩一下了……得是大家都知道的名人，历史上的，现实中的，真实的，虚构的，书里的，电影里的，都可以……他注意到对面最右边的那个艺术家的脸被手机屏幕的光映照得发出怪异的白光，加上她的那身奇怪的装束，尤其是那顶多角的红毛线帽子，怎么看都像个正在作法中的小巫婆，她的嘴那么小，眼睛眯成了缝隙，低声自言自语。隔着旁边这位开心男人坐着的，是那位生物学家 L 大师，此刻他的脸明显有些泛红了，面前的那个大杯子里只剩下最后的一点啤酒，杯沿上还嵌着那瓣鲜艳的橙子。A 估计这场临时的聚会不会超过一小时就会散掉的。他觉得 K 看上去要比平时好看而且动人，这一点倒是可以从他旁边老男人的愉快眼神里看得出来。K 在专注地想着刚刚给她提出的需要猜测的人名……是男人，已经死了，外国的，虚构的，身上有毛，不是现代的……对面的三个男人，还有旁边的两个女人，都在看着她的表情。上一个猜测她只用了七个问题就猜出来了，但那种得意的感觉迅速地被这一次的难度消解了。他们忍不住给她点提示，但这些提示对于她来说几乎就跟误导没什么区别……他吃烧烤，吃海鲜，长时间没有性生活，喜欢写日志，对时间异常敏感……她伸手把自己的头发扎了起来，然后又重新放开，A 觉得她扎起头发来感觉更好些，显得面部线条更饱满生动，尤其是嘴唇的肉感会因此而突显出来，而在头发松散开时这种特点就不明显了……提示还在继续，他们不时地笑着，而她思路明显混乱了起来，她一直没有看A的表情，而时不时面无表情地看着对面男人有些浑浊的眼睛……英国的，如果你知道大卫·科波菲尔就应该能知道他了，他手里没有明显的标示性物件，是有年纪的，所以才死了，他无比地怀念女人，当然有过手淫，有可能也是同性恋，没有证据？应该没有，不能再提示了……A觉得，这并不算难啊，但她明显毫无办法，她的思维集中不起来……他并不奇怪她为什么表示喜欢L这种人，只是奇怪她为什么总是能表现得对一切都尽在掌握似的，也许是因为她知道在什么时候不去触及什么吧，她总是能适时地停下来，像走神一样出神，孤单得让人可以宽容她的一切，就像她什么都没说过。好吧，她最终还是放弃了。答案是，Z把打在手机上的字给她看，鲁滨逊。

沉默

……可能只有几分钟，太阳从云层里露出来，空气里有股青涩的味道。有些方是湿的。现在没有阳光了，是下午。那个人皱着眉，微耸双肩，站在水泥色的小广场中央，翻那个粉红色的挎包，就像要从中找出另一个自己，用更为明朗的样子替换此时的半梦半醒状态。对于她来说，白天似乎只是碎片般的睡眠世界那毛茸茸的明亮边缘，在那里的停留总是缺乏稳定的感觉，好像随时都可能因偶然的波动而脱落，所以她有时留给人的就是那种努力睁大眼睛多看一会儿白昼的世界并有所怀念的感觉……就好像有一个缓慢晃动的钟摆，坠在内心深处，而光线只能抵达它的两侧，并且随着它的摆动时明时暗，只是它落下时就会没入幽寂的水面。远远看上去，她就像连环画里的小小的线描人物，每个一瞬间都画在了几乎透明的薄纸上，不断地重叠，当她招呼远处的朋友过来时，这些图景里的人物就重叠成后来的人群，而她的脸则仿佛只是其中的一小片空白。

她有限的话语听起来好像并不是向外的，而是向内的，或者说只是向内发声后的回响，到在唇齿间就被忽然含住了似的，比通常的语音低，有些含糊……就像每说一句话之后她都会下沉一些，若是说得多了她可能就会沉没，眼睛看着别的地方。她再次浮现的时候，是在另一个广场上。她回头看了看那个浮动中的电梯……在黄昏时阴晦的天空下面，那个灰白的广场铺满了光滑的石砖，她并不知道自己背后不远处就是一座面积过大的森林公园，甚至也没有注意到东西两侧各有一幢巨大的建筑物，它们的影子冷淡地映入围绕着广场的幽暗水面上，她转过身来，看到远处有人在招手。没有人放风筝，平时经常会有，现在马上就要下雨了，能感觉到偶尔有细微的雨点飞落下来。零散的行人匆匆被出租车载走，空洞的关门声过后，广场上特别地空旷寂静，就像那个有棵小树的低矮山顶，也可以放在某部纪录片的结尾，替代过于喧哗的背景音乐……说来话长，曾经有太多的声音围绕着她的额头，像副热带低气压一样让她的脑子频繁陷入缺氧的状态，她唯一能做的就是让自己尽可能地收缩，透过指尖呼吸，用凌乱细微的掌纹代替眼睛，制造出最大的距离，就像走在地球上的太空人，仍然保持在月球上的走动状态，全然感觉不到引力。她是个容易厌倦的孩子，喜欢让那些白纸保持空白状态，而把铅笔小字轻轻地写在背面，尽量不发出一点摩擦声，就像没写一样。

烟草

……最近她经常失眠。要是他还会在后半夜来电话，那她就会告诉他，自己在犹豫，是不是要学会抽烟。这也需要学么？是啊，需要，什么都得学了才能会。其实她平时几乎是无法忍受任何人在她面前抽烟的。那种难闻的臭味，就像有人把腐烂的破抹布搓成细绳从鼻子里穿到肺里然后再经嘴巴抽出。但奇怪的是，她喜欢“烟草”或者“烟丝”这样的字眼，像烟一样的草，像烟一样的丝，听起来都会令她有种神游一下的感觉。经常的，听到电话里传来打火机的声响，她就会这样想象一番，然后还会从他的呼吸声想象出吸烟的整个过程。她特意抄了贺铸的那句词:“一川烟草，满城风絮……”贴在床边的墙上，用的是那种黄色即时贴，很小的铅笔字，写了两行，小得像些扎堆的黑蚂蚁。那么，以前她跟他深夜通话都说了些什么呢？他们都是话少的人。他有时会在沉默片刻后对她说，再多说点什么吧，随便说点什么。他说喜欢她的声音，所以说什么都可以。她不得不违背自己的原则，不时讲讲隔壁那对恋人的事……他们的分分合合，吵吵闹闹，说说笑笑，还有那个女孩子的愤怒和诅咒。反正他们总是回来很晚。有时他们会聊到天明，有时会在床上折腾很久，各种声音响动……那个女孩抽烟，只要在家待着，几乎是烟不离嘴……一个最常见的场景，或许就是这女孩倚着门边的墙抽烟，穿着睡衣，眼圈黑黑的，薄薄的嘴唇明显有些干瘪，一头烫得焦黄的乱发……后来呢，那女孩就把那男的赶了出去，然后自己在房间里哭了一个晚上。她忍不住到厨房里给这女孩弄了条热手巾擦脸，那女孩就抱着她哭。过了几天，那男的又回来了。楼下的一辆轿车里还等着另一个姑娘。他们下楼去，钻进车里，三个人抽烟，聊了很久。过了一段时间，他们在家里做起了生意。每晚都会有些陌生人来买东西。那些天里，她始终没有接到他的电话。每天晚上她早早就躺在了床上，灯也不开地待着，很久都睡不着。那些人都是喜欢抽烟的人。那种古怪的烟味儿从门缝里缓慢地透进来，她觉得它们是淡绿发白的颜色，像混合了很多草汁的过期奶茶被倒入雨后地面的积水里。他们的生意很好。每晚来的人络绎不绝。通常都要到凌晨两点左右才会安静下来。听着那些进进出出的脚步声和说话声，她有时会莫名紧张。她很想写封邮件给他，问他最近怎么了，然后顺便告诉他这些无聊的事情……比如那个女孩几次在夜深人静时问那男的，要是隔壁的小姑娘听到怎么办？“听到就听到了，能怎么样？”后来他们干脆就坐在门厅里聊生意上的事，还大声说话。在黑暗的房间，她用被子蒙了头，感觉那两位就站在她的门边，故意说话让她听到。又过了两天，他的电话终于来了。当时已是凌晨三点半左右，她听他用那种疲倦的语气简单描述了过度忙碌的近况之后，把声音压得很低地对他说，她想离开这个城市了，去找个靠海边的地方，比如……青岛……正在这样说着的时候，她通过他的呼吸声知道，他已经睡着了。她就那么听着，听他的呼吸声，听了很久，才把电话挂断。

跳绳

……露台上风很大，而他们在跳绳。临近午夜了，风还是没有任何方向感，自顾自的，从四面吹来，偶有间断，黑暗的风，有些湿漉漉的感觉……说是会有大雨，但并没有下，天空比地面稍微亮一些，很多浓淡不一的灰墨色云朵在缓慢地变换形态，仿佛洗毛笔时不断洇染水中的墨色，被风反复调和着，而他们的脸，以及不远处正摇晃不已的幽暗树冠，近处粗糙的墙壁，甚至还有远处微亮灯光的某扇狭窄的浴室窗子，也都像是其中的一部分，不断地变化着色调，或明或暗……他们一个一个地在靠近门边的地方跳绳，正好在走廊里射出的淡金色光线照不到的地方，是那一大片暗影上面跳动的一道立体的颜色更深些的影子……离鸟叫的时候还远着呢……风把汗毛吹得竖了起来，然后又倒了下去，贴着薄薄的一层汗，很快地变冷。这些人像孩子似的笑，跳绳的动作越来越娴熟了，有人计时，有人默默数着数……好像人人身上都带着点伤……那个昨晚彻夜不眠的人，还戴着个护腕，他很瘦，很轻飘，跳动的时候脚尖可以轮换着地，发出呲呲的摩擦地面的响声。而穿黑衣服的女人颈椎有些增生，背部肌肉僵硬，那双坚硬的皮鞋底在跳动时发出清脆的回响。那个有点腰伤的身材小巧的姑娘跳起绳来让人觉得她更像个弹动的气球，而那根被她抡圆了的绳则成了她的弧形表面的边缘。身体最沉重那位似乎每一次跳动都能引发笑声，他明显感觉到自己的身体很多地方都在下坠，他努力把它们不断带动起来，表情轻松，但汗如雨下，骨头缝里有沙子，有种轻微的痛感，细细碎碎的，此起彼伏。L 跳的时候，似乎一点声息都没有，跟他平日里走路时一样。茶都冷了。烟也灭了。之前有人说到某只猫的性情突变，阉了之后变得每天都兴奋得诡异莫测，它八岁了，已算是老猫了。想到它再过些年就会死去，就觉得还是不谈为好。穿过走廊，可以通向两个房间，其中一个里面还有一间没开灯的卧室，它们的共同之处就是到处都是书，一个像仓库，一个像堡垒，在书桌上砌起了书墙……没有轮到跳绳的人，就会走进来，在里面转悠一会儿，闻着那种不同年代的书里散发出来的气息动也不动地弥漫在空中。有个瞬间里，忽然就想到这些人的骨骼，似乎都是那种沉甸甸的硬硬的状态，是时间令它们如此这般的吧，就像给它们灌足了铅，让它们离这个世界的表面更切近了很多，走起路来不得不更加小心了，因为痕迹自然也会越来越明显了，就像各种东西也会直接或间接发给它们留下痕迹，透过那些日常的肌肉、皮肤和变换的衣服。但没有人会在这样的时候想起并谈论自己的童年，即使在离开这里，钻入出租车之后，挨着车窗吹着风时，也没有去想什么童年的记忆，就好像那里盖了块厚实的木板，表面粗糙，像某种粗毛毯子似的，不好去抚摸片刻。过了午夜之后的马路上仍然有很多车辆在疾驰，它们摩擦着空气和道路，让你恍然觉得，整个城市都在发生卷曲，随时随地的，把很多东西都卷在里面，打上粗粝的包裹，带着暗金色的光泽，迅速地抛入某个角落里……很快的，就会下起雨，很大的雨，到处都是流水声和它们那不断重叠的回响。

失踪

……不知道她是哪里人。往那儿一坐，嘴角就自然略微下垂，眼光寒冷，但不经意间看到，还是会觉得挺美。也有人认为她有一点问题，年纪轻轻的，走起路来却像个熟妇。这是不是跟她身材较高且结实有关呢？她的实际年龄，比大家想象的要小好几岁。每天打完卡，坐下之后，她做的第一件事就是补妆。她总是把脸抹得很白。留的是长发，直的。她看什么都是一副冷眼旁观的样子，就好像不论什么事都注定跟她无关，哪怕你叫的是她的名字。她的上司说她家境富有，星期天经常会一个人开着跑车到江边兜风。他是个瘦子。整个人瘦得就像没了身子的长颈鹿，尤其是在办公区走来走去的时候，他的身体姿态和表情，都是那么地像那种安静惬意地吃着树梢上的嫩叶的家伙，而跟他比起来，我们这些人似乎更像一群懒散的犀牛，因为总是一动不动地待着，额头都被密集的灯光晒得黑黝黝的。她刚来的那几天，他有些兴奋。遇到有人问她的情况，他就露出很得意的神情。还说那几个司机真是流氓啊，没事儿老去前台那边晃悠搭讪。只有那个小吕除外，瘦子说，小吕真是正经人。小吕身材比瘦子还要精瘦，个也不高，但很精神，每天都是西装革履，一尘不染的样子……走路轻快无声，面无表情，目不斜视，任何时候都显得从容淡定，而且车开得极好。瘦子跟小吕经常在一起喝酒，一起晚上出去玩儿。小吕嘴严，喝多少酒，都不会乱说话。瘦子则刚好相反，每次喝酒必口无遮拦。据说小吕收养了几只流浪猫，还有两只差点死在街头的杂种狗。而最让大家听了肃然起敬的，还是他收养了一对孪生弃婴，都是女孩，现在已五岁了。大家都觉得，作为一个未婚小伙子来说，这确实不容易。他唱歌也很好，还参加过一些著名的唱歌选秀比赛，拿到过名次；做过婚礼主持人，还参加过自由搏击比赛，说是平时没事儿时也喜欢练练瑜伽。前台美女每周都会有几个相亲的过来碰面。有时中午，有时傍晚，在附近的咖啡馆，或者餐厅。她对小吕说，也就是例行公事。小吕是那种善于倾听的人，也就是说，他坐在你面前，看着你，就会让你觉得可以说点什么。所以最先知道美女也抽烟的人，就是他了。他也知道美女最不喜欢的人，就是瘦子。长颈鹿总是喜欢隔着灌木丛看着对面树林中的嫩叶，咀嚼着什么，不由自主地流露出贪婪的神情。去过小吕家的人，只有两个，一个是美女，一个是瘦子。美女说那两个孩子很可爱。他们去的时候是那天的午夜，他父亲开的门，她看到了熟睡中的她们。后来，有人透露消息，小吕和美女要订婚了。过完春节，他们两位都没上班。她是休年假，他是请了假。又过了一周，瘦子有些慌了。小吕辞职了。几个同事围住了瘦子，原来小吕跟他们分别借了钱。瘦子的额度最大。其余的人，则按容易相信他人的程度依次配额。接下来的消息，就是实际上小吕已经失踪了。有位同事，上网搜了一下他的名字。最前面的一条信息，就是一个寻人启事。是一年前的事了。所有的形貌特征，都与他相符。是在四月末的夜里离的家，之后再也没有消息，只是给家里寄了份简短的遗书，说是因为欠下巨额赌债，不想再苟活在人世了云云。很多人在找他。此前，此后。只有那个美女没有找他，也不说他有没有从她那里借过钱。谁都没好意思去问她点什么，只是都变得有些客气了。她每天照常上班。用他们的话说是，坐在那里，就像块灰冰。

西湖

……服务员几步赶到他们前面，把二楼的灯都开了。围着圆桌，他们坐下来，她又把其他灯都关了，只留了头顶的这几根灯管。在这样的角落里，看着不远处的幽暗空间，感觉有点怪怪的，就好像六七只苍蝇落在深灰色的气球侧面。空调出风口的风向板上落了厚厚的油灰，冷气忽然从里面涌出来挨上皮肤时，有点滑腻腻的。或许是这种环境会让人下意识地保持安静吧，大家都不怎么说话。都把眼睛注视着那个火锅，它的那个油乎乎的白铁盖子，开了以后，揭掉它，又继续注视里面滚沸的汤里那几块暗红的羊蝎子。汤汁乳白，不知是用什么骨头熬制的。他们分了已然熟透的羊蝎子，然后就把菠菜、蓬蒿、豆苗、芦笋、白菜、春笋、油菜、小白菜、海带、干丝、鹌鹑蛋、午餐肉、白萝卜、冬瓜等东西依次放入其中。后来，他把凉拌的菜也倒进去了。他们多少都有些惊讶地看了看他。其实他只是走神了而已。汤里泛起了微黄的沫子。有人拿着勺子，一点点地把它们撇到一只空碗里。他们频频举杯，喝的多是白酒。他喝不动，只能喝点啤酒，而且喝得很慢。估量他们差不多就要结束了这场消夜的时候，他就来到了外边，顺着马路向街道深处走了几分钟，然后转回来，再向另一边的十字路口走过去，最后是坐在了那家火锅店对面的马路沿上。就这样，差不多又等了将近一个小时。已经过了凌晨一点半了。他们晃出来时，都明显有些醉了。他们中的两个人大声叫他，问他在做什么？是不是准备要去西湖那边逛一逛啊？！他笑着想了想，还真是个好主意。就很想对他们提议，一起去西湖转转，这时候开车去应该很快就到了。他们在前面慢慢地晃悠着，大声说着话，或者什么话都不说。他跟在后面，离开有六七米左右的距离。啤酒的那点劲儿竟然也会有反应。他摸了摸自己的脸，想起另一群人，在去年夏天，深夜喝完了酒，一起跳湖里的场景……是一瘦高个的姑娘讲给他的，当时她也跳了，还记着不远处就是荷花，影影绰绰的，花都开得正好，有种暗香，水不深，而且是温吞的，但也只不过是没到了腰部……她还听到了有条肥硕的鱼在水面上翻身摆尾而去的那阵响声，有点像谁重重地叹口气，脚下是柔腻滑溜的淤泥，一下子就含住了脚，没过了脚踝。不过现在这时节，湖水温度应该还是偏低的，并不适合跳下去。关键还是前面那些老家伙们，他们没有一个真的想在这个时候去湖边转悠一番的，每个人的表情都有点像梦游似的。他叫住了跟他同住一个标房的 A 兄，在宾馆门外抽了根烟。对于他的建议，半醉半醒状态中的 A 兄非常赞同，但表示一定要走着去，不能坐车。但距离没那么近啊？我们可以打车过去的。A 摇摇头，坚持要步行。这么好的月亮，打车过去，有点浪费啊兄弟，A 反复说了好几遍这句话。烟抽光了，他又去买了两包，给了 A 一包。他们回到了房间里。打开电视机，泡上那种袋泡茶，他们继续聊之前的那个话题，为什么应该去一下湖边，在这个时候，还会看到什么呢？什么都可以看到的，只要你想看……你难道不觉得它就像面有邪门儿的镜子么？估计咱们都得显露原形了，在它面前，咱们没法看到它的……。这些都是 A 自言自语说的。而他并没有回应，因为他的脑海里已充满了动荡的幽暗湖水，同时也有很多虚无的气息弥漫水上。电影台播映的是部反映六十年代日本年轻人生活的片子，确切地说呢，其实就是关于封闭的心、爱与死的。四点多的时候，他上床倒头就睡了。而 A 兄则在关了灯后继续抽了一会儿烟，最后觉得这烟还是明显有点冲了，一点都不柔和，抽着让人焦虑。

隧道

……那边在下雨。但听不到雨声，只能听到些金属器皿的响动，从不远处间断地传来。是隔壁的两对年轻人在准备消夜，下面条，她压低了声音说。他们最近经常这样，一直到很晚才消停，有时天都快亮了，他们还在门厅里吃东西，大声说话。对于黑暗中的他来说，那些声音投射到脑海里所形成的，不过是些闪烁的光斑或碎屑而已，什么形象都无法呈现，尽管随后他可以想象外面那些雨中的树木的轮廓，甚至让整个城市的幽暗轮廓都慢慢浮现……他听到了远处鸟的叫声，但不是来自那个城市的，而是他这边的，最早醒来的那种鸟，那只不知什么样子的鸟，它的声音就像有人不经意地用碎玻璃划着对面窗户上的玻璃，发着淡蓝色的湿润微光。她跟房东说好了，五天后她就搬走。不知道五天能不能找到新的住处。东西并不多，一个背包，两个手袋，没别的了。她的声音自然低缓，就像什么都没有发生过，偶尔低声笑着，跟很久以前一样，像个孩子在跟最亲密的朋友分享好笑的秘密。前天晚上下班时，她被突降的大雨淋透了，在空荡荡的马路无处躲避，后来看到有人举着那种很大的遮阳伞在穿过马路，她就跑过去，钻到伞下，跟着那个陌生人一起走了很远。而次日的下午，她一个人在办公室里痛哭了很久，就好像要把之前挨的所有雨水都退还给这个世界似的，而当时外面正是个大晴的天。她觉得自己现在终于算是了解了那个城市了，知道它是怎么呼吸的，知道了它的好处，走在哪里，都不再有最初那种突兀的陌生感，它已为她敞开了自己，而她也能自如地沉浸其中了。以后，要是你出了什么事，就给我电话，她停顿了片刻之后这样说道。他沉默了一会儿，感觉眼眶有点刺疼，脑袋里仿佛有水银正从左后方流过，触到了一些细微的神经束，让它们瞬间炽热，然后引发了从脚趾到大腿一直到肋部肌肉与神经的麻木……这时他想到的是深夜里一列火车穿过漫长隧道的场景，卧铺车厢里早已熄灯了，手机屏幕的光在那张小而圆的脸庞上映出了一个轻微晃动的亮斑，每次想到这个场景，他都觉得她就像是在经历又一次转世……并借此成为永远长不大的孩子。

游泳

……他多少有些没有想到的是，外面的天气竟会这么好。蓝色的天空就像刚被提炼过，然后又彻底地清洗了一番，临近黄昏的阳光灿烂辉煌，小广场上的灰尘都是金色的，透着清新的气息。中午时他也出来过一次，去附近买水果和烟，却丝毫都没有注意到今天的好天气。在小广场尽头的转弯处，他停下了脚步，双手叉腰，侧歪着脑袋，看着她钻进那辆淡蓝色的还没有牌照的新车里，然后戴上那副能遮住半个脸的墨镜，他摆了一下手，听着发动机的响声，转身回去了。之前，一段沉默之后，她说要去游泳。新买的泳衣就在车子里。比基尼？不是，就是最普通的那种……你见过有人在游泳馆里穿比基尼么？偶尔也会有的。通常都是在沙滩上才会有吧，为了晒晒太阳。几点去呢？马上。哦。听到自己的一声哦，他感觉有点诧异。临走前，她忽然想起来似的说，我的呼吸还有点问题。晚上的游泳馆里，通常都会弥漫着某种倦怠的气氛，散乱的灯光在水面动荡不已，以至于会看不清人的脸，看久了还容易睡着呢。房子里有股潮湿的气味儿了。是那种有什么纸质东西正暗中生出淡淡绒毛的味道。一只很大的黑色苍蝇在半空中缓慢飞行，发出古怪的嗡嗡声，就像外星来的为穿越时空而微缩到最小状态的飞行器即将失去动力。他吃了个很大的香蕉，剥下来的那淡黄而柔腻的皮，从顶端向下分开了几条，放在玻璃茶几上看起来有点像水母的感觉。看了一会儿，他就捡起它，丢到了垃圾袋里。他想起一个电影里的场景，空荡荡的光线幽暗的游泳馆里，一个女人突然浮出水面，大声喘息着……这可不是解决不好呼吸的问题，她在体验窒息的感觉。天黑了之后，他感觉在一种寂静的状态下，并没有过多长时间就到了午夜。喝过酒之后，他躺下来，因为感觉自己比往常都要困倦一些。在关了灯之后，他感觉自己是睡了一会儿的，只是很短，在黑暗里他把笔记本电脑又重新拿过来，就那么半举着打开，然后写了封很短的邮件：游得怎么样？等了五分钟左右，回信就到了：很好。他忽然感觉眼皮有点睁不开了。过了一会儿，她又来了信：你喝酒了？他回复一个字：是。合上笔记本电脑，他觉得自己真的不会再睁开眼睛了。

南方

……他看见飞机在雾中盘旋，缓慢地吐出新的雾气，仿佛永远都不会降落。下面的灰白色城市，像在水底似的，正平滑地展开，表面上布满了灰色的水珠，哦，然后就是温暖的阳光，像细细的金粉，均匀地洒落在这里那里，然后是走在狭长弯曲的街上的两个小孩子，就像两只干净的蚂蚁，四处张望着。他看见睡梦中醒来的人们，像摇摆的铃铛，被柔软的草叶拂动，只是睁开眼睛，就碰碎了那些密集在暗处的朝露，无声无息的……天空在它背后封闭了，这温暖的南方，就这样敞开了一瞬间，就像只是为了拥你们入怀。他看见这边灰色的高大建筑的栅栏门里的那些幽暗的树木，还有其他不知名的植物，它们还在冬天里，枝叶上满是灰尘，完全的静止状态。他看见天空就像即将融化的冰面，而飞机则像冰刀似的在暗淡的星光衬托下轻轻地滑行，然后留下浅浅的滑痕，时不时地还会飘下一些冰屑，慢慢地变成雾，裹着无以计数的灰尘颗粒，在最初的阳光露出之前就已越过江面，逐渐展开了。

盒子

……在黑夜深处听见沉闷的烟花爆裂声，让你像个盲人，徒然低下头去倾听片刻那些仿佛发生在身体内部的裂变声响。没有直观的景象，也没有弥漫的气味，只有稍纵即逝的幻象。手搁在冰墙上面，粉末脱落不已。盒子打开，然后关闭。裹着它的，只有寒冷的气息。很多盒子，在黑暗里，毫无规律地打开，或是关闭，没有出口的通道，以及不可避免地属于尽头的窒息。每个盒子都有转门，每扇门页上都镶嵌着等大的镜子，在转动时透出里面的微光，让那些出来进去的人与物都成了幻影，即生即灭，方死方生。它们在白昼里只有关闭的分儿。每个盒子都是蜂窝结构，它们的每个孔洞之间都有着可能是相通的门，所以你根本无法知道这次进去了的下次是否还会在这里出现，或者说出现的还是不是之前的那一个，或是出现的会从哪里消失。每个盒子只在黑暗里开启它的门，每次开启都像从未打开过似的。要是你试图把一个盒子彻底地打开，或者想要永远地留在某个貌似温暖的盒子里；要是你想着要把“自己”的那个盒子毫无保留地敞开，那么等待你的，则只有一个结果，一个盒子的完全分解与消失，以及随后到来的一个空无的白昼……或者，当你想要找到某个盒子的时候，就会发现周围的黑暗转瞬淹没一切，你能触摸到的只有无形的墙壁，以及上面的冷灰，而没有门。这一切将以什么样的状态呈现给你，残酷或是奇妙，取决于你选择的是停留还是穿行……当然说到底，你所做的一切都不过是在残酷的表面上的不断穿行，就像一个盲人，在危险四伏的傍晚或者早晨，独自沉静地在冰封的河面上滑着冰。多么讨厌的一条短路啊，它的两端长满了岔道，而它两侧的梧桐树倒是都被锯掉了整个的树冠，没有任何分杈，远远看过去，像形状略微有些扭曲的石柱，表皮斑驳着，被淡金色的路灯照耀着，时不时地显露出某种尴尬的沉寂。它就像条造成短路的金属线，被谁不经意地丢在了那里，等着你们从不同的地方穿街过巷而来，在走错了几次路口之后，终于通过它搭连在一起，完成了一次然后还有又一次的短路。那些过于光洁的橱窗玻璃展露的其实只是它的一小部分，但就像全部一样，它的边缘仿佛在微微卷起地露出那些尖锐的石头棱角，而玻璃内的那个宽敞的小世界尽管被面包和意面的香气充斥着，有着木头长桌和干净的水泥地面，有着似乎是世界上最为悠闲的气氛和人，可就是无法给你提供半点的惬意时光，就像只穿着内裤的人，尽管没被谁注意——因为大家都在吃东西或者说话——却不得不反复地审视着自己，为对面的一面沉默的镜子而羞愧不已，就像个梦游人忽然醒来，在这个永远陌生的所在无所适从地发着呆……而此前的梦境里穿行的是另外的僻静街道，没有路灯，两侧灯光暗淡遥远，同样的一条短路，你看到一个人在那里反复地急走，从这个路口走向那个路口，满头大汗地神色恍惚，眼光渐渐虚无，他好像完全疯掉了，什么都找不到，什么也不知道，只会那样重复着一个急走的过程，从这里到那里，如同这巨大的城市里唯一一位与环境彻底不再相关的人，只存在于一个短路中，看到越来越多的灰尘在空气里浮现。

骨头

……他站在楼门前的水泥平台上，夜色里的一个暗影，手里拿着一小串模糊的钥匙，对着那道铁门，它们隔几秒钟才发出缓慢的响声……你有意步履缓慢地走了过去，希望在走到时他已把门打开了，可是直到你来到他的旁边，才发现他手里的钥匙还没能接触到锁孔……他不知道在犹豫什么，这个干瘦的老人表情茫然地又一次晃动了一下手里的钥匙，好像是换了另一把，重新伸向了锁孔，但最后仍旧是停在了那里，没有插入。在闻到了某种臭味的时候，你已经迅速地把自己的钥匙插入了锁孔，并把门拉开了，示意老人先进去。楼道里亮起的感应灯的光线瞬间照亮了老人的身体——两条柴棒似的裸腿立在那里，裤子堆在了脚面上，他的右手下面还有一只底下带滑轮的扶手（不知道该称它是什么，不是手杖也不是凳子），他对着灯光，努力挪动着双脚，挪到里面的楼梯口，他侧开身子，面无表情地等你过去……他的脸色是黑灰的，表面还浮泛着几丝暗黄色调，整个脸跟身体是一样的皮包骨，看不出眼睛还会不会动，里面没有光亮，好像在看着墙壁，而枯瘪的嘴唇紧闭着像个深色的褶子。大约两个多月以前，桂花还开着的时候，在温暖的下午，他会在楼下那把挨着草坪的条椅上坐着，晒着太阳，手里握把漂亮的雕花木手杖，人也很瘦，但面含着一丝微笑。有熟人经过，就大声跟他打招呼："您老还是很硬实的啊。"他慢慢地点了点头，一字一顿地说："就是一把骨头。"之前你并不知道他住在几楼。等你再次从家里出来，下楼的时候，在四楼的过道里，又一次看到了那只有滑轮的扶手，是白钢的，孤零零地在那里闪着冷光。

鸵鸟

……浮现在他脑海里的最后一个形象，是鹅。他举着雨伞，手臂向左上方伸得笔直，像个刚完成的泥雕塑，有些局促地略微倾斜着身子。她的眼光冷清，看着对面的红灯，仿佛是独自待在另一个地方，而不是这里。二十几个小时之后，当他从睡梦中忽然醒来，重新想到这个场景，看见他自己穿的是浅棕色也可能是深米色的风雨衣，扎着花纹有些古怪的领带，还有一顶深灰色的礼帽，莫名紧张地站在那里，这种样子，他或许会觉得有点像波伊斯，凝固了一张过于严肃瘦削的脸，怀抱一只野兔，或者是坐在铁笼子里，面对着眼光迷惘而又热切的人们，试图传达某种异质性的光。当然他也很有可能会觉得自己远没有波伊斯那么坚硬。他曾套用那句名言的格式，在自己小本子里写下这样一句话：人人都是傻瓜。但现在他脑海里停着的，只是鹅，白色的，红顶的，鹅。这个世界上，只有鹅的呆头呆脑的样子，才会被轻易地原谅……“红掌拨清波”，他脸上的肌肉不经意地抽搐了一下，似乎就此先行原谅了自己的所有笨拙。那家日本料理店只是被那片临时搭起来的商品展示篷遮蔽了。等红灯的几分钟里，她始终都没有表情，是那种天然的没有表情。他们穿过泥泞的窄路。经过一家面包房的侧面之后，乘电梯上了五楼，到了那家他说很安静的料理店里。那里差不多坐满了人，人人都在大声说话。她只是想找个安静的地方，吃什么并不重要。他的表情里充满了矛盾，这种多重混合式表情很容易让人误解，会以为他在嘲讽的是别人，而且自以为是，至少也是觉得所有人都很无聊，以至于他根本就不屑于再说什么。在等着套餐上来之前，他一直在喝水。后来，低头吃着东西时，出乎自己的意料，他想到的是小时候家里的两只鹅，都是公的，白鹅，走起路来很有气势，每次看到生人，都会大声叫……同时还会低下头，脖子贴着地面，探出坚硬的嘴巴，咬人。没人来的时候，它们就会呆头呆脑地待在那里，仿佛生来如此，看什么都会发呆。但他并没有把这段遥远的旧事讲出来给她听。她在安静地吃完自己叫的东西之后，说到自己最近刚刚收养的宠物，鸵鸟。是朋友从澳州带回来的，经过了检疫的。为了养它，她不得不收集了大量的资料。它的窝，就放在阳台上，幸好那个阳台够大。可以让它每天在那里慢慢地踱步，或者只是站在那里，透过窗户，往下眺望……“这个场景，说起来是不是有点诡异？”他点了点头。“没觉得诡异。”过了一会儿又接着说了句，有没有给它准备沙堆呢？她有些茫然，像在想着别的什么事。他想象着那个场景，一只鹅，还有一只鸵鸟，待在同一个院子里。像梦境。那里没有水泊，也没有沙漠。它们就在那里，动也不动地，伸着细长的脖子，昂着小巧的头，不声不响地呆立着。那个院子的角落里开满了那种紫色的草本花，开过花就会结出种子，黑色的小圆珠，像微缩的地雷，他记着小时候人们都称之为地雷花，多么古怪的名字。它们的好处就是落地生根，成片成片地长出新的植株来，迅速开满了鲜艳密集的紫色花簇。他看见十三四岁时的自己从屋子里散漫地走出来，表情漠然地看着院子里的那只鹅，还有鸵鸟，随着一阵风涌起，他看见一只飞奔的兔子撞到了院子的大门上，随即变成了一块灰色的破布……然后门开了，她还只是个四五岁的小女孩，拉着阿姨的手，站在那里，过了一会儿，她才声音冷淡地说："你的鹅，会吓到它的，我是说我的鸵鸟。"于是他就走过去，抱起那只鹅，站在那里，看着她把那只鸵鸟带出了院子，重新关上院子的大门。天黑下来的时候，他们还坐在地板上，挨在一起。外面还在下着稀稀落落的雨。在黑暗里，她摸了摸他的脸庞。她的手很小，很柔软，凉丝丝的。他希望自己最好马上就睡去。然后他就真的睡着了。睡了很久，十分钟左右。"你再多睡一会儿吧。""嗯。"他就继续睡了，觉得彼此都还在很久以前的童年。不知道她是什么时候离开的。临近午夜，他醒了。在路边站了很久，他才打到车。车里充满了湿冷沉闷的气息。他把头靠着车窗，雨已经停了，玻璃上的水珠散开了很多。他看着路上，湿漉漉的，很多梧桐叶子，都紧贴着地面，还有新的在落，个别刚落地的又被车轮卷起，再重新落下……很多细碎的光点在密密的雨脚下闪烁，除此之外的一切都被夜色收敛起来了，各有各的藏身之所，留下这么多的路，在外面凝固铺展。

背面

……“我没觉得那是一个黑白的场景，但入脑海，它就那样了……无论白天夜里，晨昏阴晴，都一样，暗影遮蔽了三分之二的房间，外面是远远铺展的天光，那光亮被缓慢飘动的纱帘滤去很多，不然就是白茫茫的了……海浪声里透出海鸥声，而与此相伴的，时常是一个人影在出神，一个孩子的嫩声叫嚷，还有个人，面无表情地待在暗处。”像个银色金属制成的蜻蜓，闪烁着红色的眼睛，对应着那些稀疏的星辰，缓慢地滑行在夜空深处。完全感觉不到所谓的气流，哪怕是极细微的，也没有，它只是寂静地滑动，在已然进入真空状态的世界里。飞机在夜空中盘旋的过程中，地面温度一直在下降。对着树冠金黄的被灯光照亮的银杏树，可以呵出寒气来。在透明的外壳里，能听到空洞而轻微的回响，就像隔着皮肤和胸骨听到的心房里发出的跳动声一样，有种柔软、温暖的缓慢节奏。现在从那个已然空了的仍然是黑白色调的房子里，往外面看去，能看到耀眼的日光正把沙滩恢复为白色，然后也把海面恢复为最为纯净的蓝色，没有人，什么人都没有，到处都是空荡荡的，就像刚刚被清场似的，仿佛什么都没有发生过一样……随后出现在画面里的，是个小男孩，蹒跚地走在沙滩上，什么声音都没有，也没有风，只有彻底的寂静，就像每个东西，甚至每颗沙粒都被包裹了一层光壳，隔绝了任何声息的发生。有人在充满了喧哗的出发大厅里谈论水。播音员的声音就像工厂车间里发出的撞击声，在被很多墙壁和杂音过滤之后传到了某个角落里，变成了嗡嗡的不断重叠的混响。温水在进入体内之后，会引发很多意想不到的变化，会让那些原本混乱的东西各归其位，统统闭上眼睛，不需要再发生任何声音，也不需要颤动……只是还没来得及将这些发出，潮声般的信号忽然弱化的声响就将一切都淹没了，所有的东西都被置入封闭的盒子，骤然出现的巨大轰鸣里，整个世界仿佛又一次被折叠了起来，展露出寂静空旷的背面。

场景

……幽暗天幕的落脚处，细碎散落的灯光就像紧贴着凹陷的地面，一阵风吹过，就会落上一层灰沙，让它们在短暂的黯淡中闪烁微光，织成淡淡的雾，笼罩地面。对应这低处的一切的，除了遥远而渺小的几点暗星，就是那两根高耸入云的烟囱了。云像磨平的化石，表面还凝结着粉末。那两个烟囱的顶部缓慢闪动着暗红的灯光，就像两个人在那里吸着烟。它们在那里待了很久，始终都在那里，不声不响的，那两簇每隔几秒钟就会慢慢闪动一下的炭红，可以让你充分感受到时间的漫长存在以及片刻的凝固与融解是如何发生的。很多时候，汽车穿过大桥的过程中，看到在倾斜垂落的天幕衬托下，它们是寂静得近乎抽象的事物，又似乎是唯一在呼吸的物体，与它们的存在相比，下面那些在夜色里像碎玻璃似的闪烁不已的地方，无论是厂区还是民居，都特别像一场轰炸过后留下的废墟。然后在下一个早晨到来的时候，望着高天之下被阳光重新描绘塑型并完全展开在江边的那一切事物，感觉到它们重新恢复的呼吸，跟微风混合在一起，掠过江面，浮上空中，这时候，如果一道阳光透过车窗玻璃，照射到你的脸上，让你在金色的光芒笼罩中感受到某种暖意，你又会觉得，昨天的那种感觉更像似一个梦境，而此刻的，则像幻境。处于二者之间的，是日常的深渊，你所做的，是努力把头探出激流的水面。你没去过那个地方，只是很多次想象过……比如乘客轮在风雨交加的夜晚抵达那里，住进拥挤的山间小旅馆，待在湿漉漉的气息里，对着床头橙色的灯光看书，从窗帘闪开的一角，隔着玻璃上不时滑动的密集水珠，隐约看到了什么植物暗影在反复重叠摇晃。从远处望去，那里只是一座墨绿的山，就像天地间的一个微不足道的寂静之点，没有声音，也没有人的迹象，哪怕是偶尔有白色的大鸟从中飞出或隐没其中，都无法改变它的寂静之象。每次听到别人讲述那个岛上的经历都会引起你不同的联想，在你的感觉中，它的夸张精致、光滑鲜明而又庸俗的表象下面，还隐藏着某种深层的寂静气息，就像荒凉的沙漠下流动的地下河一样，有诸多不可知的力量涌动汇聚其中，要是仔细倾听，就会发现其声音是非常接近于那种虔诚的念颂和声的。人到那里，是寻求启示与庇佑的，同时恢复内心的宁静。与那些茂密的树木花草相伴的，还会有蜜蜂般的游人，他们看到了，听到了，然后离开了。黎明时的轮船汽笛声，低沉而有力，仿佛在凝止的空气里探测到了一个极点，然后那声音又回到了发出之处，也很像狮子吼之后的沉寂里忽然浮现的一声“唵”。

老人

……下了出租车后，他并没有直接去见那个老人。在电话里，他告诉老人，自己在处理些事情，但一小时后肯定会到。老人说没关系，不用急，你先忙好你的。为自己下意识得到的这一个小时的停顿，他忽然有了几丝意外的喜悦。再想到现在自己就在离老人只有几分钟路的地方，可以随时出现在老人面前，心里还多了一些古怪的惬意。犹豫了片刻，最后他还是进了那个小区门外的茶楼。那幢看上去像古代城楼似的粗俗建筑，在他看来，很像那些旅游景点里兼卖各种旅游纪念品的庙，只是刚好在淡季而已。此刻是下午五点半左右。西边的天空中，远远浮着些细碎的淡白云朵，看上去就好像是夕阳落山的过程中留下的一些刚刚凝结的泡沫。里面大多数座位都是空的。只有二楼的某个包间里传出热烈的说笑声。站在光线暗淡的厅堂里，等了几分钟，才有一位态度温和的中年女服务员出来，把他领上了二楼。靠窗的小茶桌周围，散乱地放着六把仿古木椅，做工很粗糙。旁边的包间没有门，只是拉着布帘。里面也没有灯光。听乱哄哄的说笑声，感觉里面应是坐满了人的，而且都是些五十几岁的男男女女。他们的样子，大概就跟早上出现在公园里，练习合唱或者健身舞，晚上会在广场上跳那种国标交际舞的人们差不多吧。在着装打扮上，是那种八十年代中期的时髦风格，男的都抹了发蜡，女的脸上敷了粉、抹了鲜艳的口红、满头卷发……区别在于，现在的他们和她们，从身体轮廓到脸部肌肤、眼神和声音，都已严重扭曲失真了。作为两个时代沉淀物的混合体，他们的神情和气息里涌现出某种搞笑而又令人有些莫名伤感的戏剧意味。无聊么？一个女人用一种欢快的语调说，我每天都在琢磨自己怎么才能不无聊，一睁开眼睛我就会给自己找很多的事儿，但下午我就发现它们其实都是麻烦，还得马上把它们都丢开，丢得越远越好，不然真的很要命……我有时候会觉得我就像个捡破烂儿的，只不过我是上午捡，下午就扔掉。她的声音迅速地被周围的男声淹没了。他们显然没有多少耐心听她讲这么纠结而冗长的话题，而更愿意谈论广场上最近新出现的那个从国外回来的女人在气质上的与众不同，或是她的那个心脏病突然发作的舞伴儿的倒霉人生，还有某个焦点女人跟她的三个舞伴的奇怪关系……。他拿起自己的背包，还有刚买的杂志报纸，下了楼，到另一边的靠窗位置坐下来。在楼上的这个位置上，有四个生意人模样的老男人在不声不响地打着牌，抽着烟。一个服务员为他端来了切好的水果、花生、瓜子和普洱茶。她十八九岁的样子，大眼睛，面色有些发黄。你的气色不大好，他看了看她说。她仔细地打量了他一下，您经常来这里？没有，头回来。那您怎么说我气色不好呢？他想了想，就是刚才看到你的时候，注意到的。她还是没明白他为什么这么说。他就转移话题，问她，这里来的都是些老年人么？她笑了，您想想，这个时间，年轻人怎么会来这里啊？不过平时年轻人来得也少。有单独来的么？我是说那些老年人。没有吧，她边转身边答道，谁会一个人来这里呢？来这里不就是图个热闹么？哦，那您怎么一个人来呢？他笑了笑，我在等个朋友。她重新转过身来，又看了他几眼，问他真的从来没有来过这里么？他点了点头，真的没有。她转了几转眼睛，然后若无其事地走开了。除了两个服务员，整个一层就只有他自己了。他喝了几口泡得过浓的普洱茶，吃了个炒花生，把壳放到木碗似的烟缸里。透过大玻璃窗，他看着外面偶尔经过的行人，还有那些飞驰而过的车辆，它们发出的声音汇集在一起就像一股无形的洪流，迅速地冲刷着道路以及两侧的黑绿色灌木隔离带，也包括高耸在空中的路灯，路边的门市房，那些东倒西歪的自行车，枝叶上布满灰尘的梧桐树，还有那些或行或止的散落的陌生人……他能感觉得到，它们的气息在持续动荡着，敲打着玻璃，发出平时不易察觉的细微的沙沙响，只要你仔细去看，就会发现那玻璃尽管被擦得很干净，但实际上表面已经变得不再光滑了，那些极细微的斑点的密度每时每刻都在增加，将来有一天就会变成仿佛有层薄雾似的。小区里有很多茂盛的树木，有些他根本就不知道是什么树。他只认识那些常见的，比如香樟、水杉、芭蕉、梧桐，还有某种桂树，它们紧密地贴着楼房的两侧，落了很多颜色暗淡的被日光灼焦了的小碎花，在冷清的空气里，它们的味道终于不那么腻人了，只有一丝极为平淡的香味还在飘浮着，要是你仔细去闻一下，就会消失。他在小区里慢慢地走着，距离约好的时间，还有十分钟，足够他走遍整个小区了，他会准时出现在老人面前的。他想不起上次见到老人是什么时候了，两年前的这个时候，还是三年前的春天？他也无法确定记忆里的那个房间是不是就是老人的家，空荡荡的两室一厅的结构，一些七十年代末或者八十年代初购置的家具，立柜的几个门上都是镜子，写字台上、地板上有几堆旧书，墙上有些黑白照片，镶在深褐色的木镜框里，其中有一张，里面的年轻人穿着绿军装，戴着红领章、五星帽徽，站在松树下，旁边站着三个戴着红卫兵袖标的女学生，背景是有些模糊的远山，旁边的题字是：一九六七年北京留念，革命友谊长存。之前，也就是一周前，他只是很偶然地在翻资料的时候翻到了那本书，一本私人印刷的书信集，才想起这个老人的。那些信都是他写给已故朋友的，但收信人的名字都没有注明，也没有落款，只有发信的时间，如果不仔细看的话，会以为是日记，而不是书信。他隐约记得，当时自己是跟一个正在读研究生的女孩子去看老人的。老人跟她妈妈是老战友。那本书信集里，有几封信就是写给她妈妈的，只是没有标明。老人的子女都在国外，他一个人生活了十几年了。书的最后一页上，留有老人家里的电话。他试着拨通了这个号码，有点出乎意料的是，老人还记得他。简单的寒暄之后，随之而来的问题，就是他觉得自己不得不去看望老人了。这个念头让他觉得有些虚无和沮丧。不过他没过多久就从这种情绪里脱身出来了，想想无所事事的周六，可以用来拜访这样一位背景神秘的老人，也不能说是没有意思的事。那隐约让他有些犹豫的，其实只不过是对那种一个人生活的空荡荡的空间本身的直觉抵触，他觉得老人那里，就像是整个世界的一个偶然的尽头，能不去触及就不要触及的好。可是他现在开始嘲笑自己的这种念头了，与一个委顿的世界相比，可能一个你以为空气稀薄的地方要好一些吧？谁知道呢？更何况他现在很需要找到一个线头，好让自己的思维延续下去，以免僵硬在那里。

烟

……就像火车一样。这话在半夜里要是真的说出来，还是会觉得有些古怪。不过看着那团淡灰色的烟圈慢慢地升起、散开，同时听到喉咙深处发出的呼吸杂音，确实会联想到有一列火车正穿越自己的身体深处……是那种蒸汽火车头冒着白烟远去的场景，没有声音，而实际上你只不过是点了根烟，快速地深吸了一口而已……自然的，你也会想起那个长期夜间睡不着的马赛尔在黑暗中听到远方火车经过时的感觉，与他不同的是，你在烟的缭绕催动下，会在不知不觉中化为火车本身，轻缓地穿行在自己的血管里，而它的终点站，就是那个缓慢跳动着的热乎乎的心脏。一觉醒来，那个独自在房间里乱跑乱跳的寂寞孩子已把很多东西都打翻了。当你在角落里找到他的时候，发现他已经在疲倦中睡熟，湿津津的额头上粘着些发丝，偶尔穿过他的梦会让他的身体发生轻微的抽搐。你把他重新放回到原来的位置上，给他盖上薄毯子，把落地灯的光转向另一边，让它投射到那些书里，你知道这样让它开着，而不是关掉，才不会影响孩子的睡眠，他才可以睡得安稳。接下来你要做的，就是把他弄翻的那些东西逐一恢复原样，其实并没有什么东西被摔坏了，地毯很柔软，它们倒下去的时候几乎没有发出什么响声，就像一群玩累了的孩子，只是睡在那里而已，而现在，你把它们恢复了原来的样子。你在每个房间里都留下一盏温和的小灯，让它们就像幽静的花朵一样，开在黑暗的深处。之前孩子所有的不安、焦躁与疑问，都已化为乌有了，你醒着，把烟点燃，觉得就连那些细小的星星都有了默契。

早晨

……风灌满了耳朵，发出呜响，空。地面坚硬，而天空是口巨大的钟。悬在那里，缓慢晃动，但它无声。它蓄满了风，把风注入你的耳朵里，是风在发声，空。风的中心，是透明的空洞，异常地宁静。听不懂，所以才可以放下心来，耐心地倾听，空。一天很短暂。醒了没多久，就黑了。可是早晨很漫长。就好像随便在上面捌个洞，埋下个石子，就能长出花来。其实需要的只不过是它的一点投影，一个形状不规则的斑点，黑色的花瓣，或碎片的影子……然后在其中发现泉眼，看到泉水汩汩流出，很是纯净，你就那么听着它的声音睡着了，醒来时还是早晨，同一个，而不是另一个。从没见过这么漫长的早晨……纯粹的灰，寂静的灰，像灰玻璃，微微透着光亮，水又一次注满了，可以再沉浸一次，更深一层，触及最基本的元素，就像在深夜里轻轻叩响某座隐秘宫殿紧闭的门，手很柔软，碰到了上面湿润的苔藓。这毕竟不是梦境，因为每个瞬间都属于反复醒来时的发现，无论如何，这样一个包含了全部事物的早晨是从未有过的，而它又是那么地广阔，仿佛无边无际，不断地张开，把整个世界都包容其中，变成同一个早晨，一个斑点，柔软的灰色调，一瓶水，定型的波纹。你坐在窗台上，俯视着远处地面上的暗淡积水，而水面正发生波纹，但这急促运动中的波纹丝毫不会影响时间的凝固状态，你知道这是因为早晨赶在了风的前面，所以永远都不会再有所改变，就像钟声的间隙，透着微亮的光，而风在往耳朵里吹气，存下它的秘密。空时想想它，你心里也就踏实了。

庇护所

……那个样子冷漠的年轻收票员在我们的手臂上盖了个深蓝色的小章，然后就放行了。三个年轻人的眼睛随即转向了后面来的人。那章只有指甲大小，是用英文字母设计成的，盖上它，就好像立即把你归入了某类人，或者说是某种生活方式，因为触及肌肤，所以就意味着某种关系已然发生？当然等到后来你离开时，它可能已然模糊殆尽，在不知不觉中被蹭掉，但是在此后相当长的一段时间里，那个已没有任何痕迹的位置仍然会被你不时地想起。而且，也只有在你离开这里的时候，才有可能意识到，它其实更近似于一个隐喻，关于这个特殊的被那种声音所把控或者说影响的身体的。只不过与它的安静形式相比，这个声音的世界所拥有的是极度喧嚣的状态。弯曲的地下通道里，回荡着来自深处的音响的重低音，它们从拱形的墙壁上反射到耳鼓时迅速合为一种极为混沌而又简单的音效，那种感觉就好像是你正行进在自己的耳道里，所有的声音都是从你体内深处涌现的，而不是来自别的什么地方。你完全可以一边想象着耳朵里的结构图一边走向深处，这样的话你就可以将中间留给人们随着音乐随意摇摆的那个并不宽敞的地方理解为隔膜的所在，而把那个负责打碟的音乐 DJ 从容自如而又专注的样子投影其上，就像幽暗的壁画里的人物，事实上他也的确就是这里的主宰，他的那些看上去有些粗糙的手指头的每一个动作都在操控着人们的神经……他像个影子似的待在那些音箱和制造声音的设备后面，戴着黑色护耳式的耳麦，偶尔会抽空喝口啤酒，或是随着新出现的有力节奏晃动着身体，他的眼睛始终都盯着笔记本屏幕上的声音波谱，而不会去注意不远处的那些被重重阴影和迷幻光线不断扫过的扭动着的人们，他似乎非常清楚每一段声音会在那些人的身体上产生什么样的效果。我们经过他的旁边时，他前面那块明显有些局促的空场里还没有人呢。时间刚到午夜，还不是人们渴望在声音刺激下扭动身体的时刻。里面的狭长空间被墙壁分成了左右两部分，右侧的像个走廊，而左边的则像那种老式小火车站里的候车厅，当你刚好坐在入口位置上时，就会发现的确是这样的效果，那些陌生人坐在那里，很多张脸面向了前方，但对新进来的人们毫不关注。整个空间都弥漫着浓郁的潮气，尽管里面还有各种各样的味道，但都不能掩盖有些木头发霉的气味。用不了几分钟，要是你仔细观察的话，就会发现自己的视野里呈现的那些人和沙发座位有种明显的舞台效果，他们就像话剧舞台上的人物，每一个层面都是一场戏的片断，你完全可以设想这些片断是一层一层地展现的，当这一层的人物开始说话时，其他层面的人物声音就会消失，你只能看到他们的嘴巴仍在继续动着……所有的台词都可以用贝克特剧本里的对白来替代，没头没脑的，缺乏逻辑的，异常陌生的，同时又是清晰的，而不是含糊不清的。尽管冷气开得很足，但冰镇过的啤酒瓶壁上仍旧布满了水珠，旁边的玻璃杯里混合了酒精的饮料里除了冰块还有鲜薄荷的叶子。坐在第一排的那个身材健壮的年轻女人一直在抽着烟，偶尔喝口啤酒。她的两鬓被有意剃光了，留下的头发看上去就像个很大的红黑相间的逗号盘踞在头顶，而逗号的尾巴则一直甩到了肩头上。她始终保持着侧身的姿态。她的旁边，坐了位欧洲中年男人，他的右侧坐着一位年轻的小伙子，长得有点像罗马尼亚人，或者保加利亚人，谁知道呢，反正他的表情有那么一点忧郁，甚至还有些目光呆滞，不时地走着神，皮肤的颜色好像是落了层很细的灰尘。在他们的后面一排座位上，是个中年女人和一个年轻人正在那里亲密地聊着什么。再往后，则是五个年轻男女的组合，他们的声音很高，笑得很响，还会忽然地寂静下来，谁都不再说什么。最后面那两排座位里的人则处在一种互不关心的状态，似乎人人都在等着什么，等得有些无聊，但这种无聊与通常的乏味比起来当然还要好一些，因为它里面现在还混合了一些古怪的味道，还有那不断触及身体的声波。等到大多数座位都忽然空了的时候，也就意味着中厅的扭动时刻已经开始了。那里的光线明显暗了很多，很多人出现在那里，看上去有些拥挤。来到音箱前面，你注意到上面还悬挂了正在着直播那个DJ打碟场景的液晶电视，他已然把强劲有力的重低音部分推到了极致状态。声音不断震荡空气，能让你清楚地感觉到空气作为一种物质是有形的，只是看不到而已，它的震动所勾勒出的正是你身体的轮廓线。有个又瘦又高的外国老男人来到音箱前面扭动不已，还有个高大健壮的中年外国男人背靠着正方形水泥柱子，拿着一瓶啤酒，注视着DJ的一举一动，随着音乐节奏扭动着自己的身子，也只有在你这个位置上才能看到他在那里，每次DJ抬起来看到他时，都会给他一个职业的微笑，而他则举起右手的大拇指，由衷地向对方表达着敬意。在你偶尔回过头看那些因为不能准确把握音乐节奏变化而动作有些僵硬的人们时，发现有个戴白头巾、斜背着挎包的人正像猴子似的在其间慢慢穿行，他的样子可能会让你觉得别扭，但其他人根本不会有意，因为他们正在不同的声音强度范畴里体会着不同的状态——声波操纵着空气以什么样的形状和力度触及不同位置的身体，在哪些点上发生共鸣效果，并使得某些郁积多时的东西被忽然释放出去……但这也不是件容易的事，似乎还需要点运气，因此当人们的眼光忽然陌生地相遇时，还是能够感觉到某种多少有些游离悬浮的内心状态的。

或者，他其实可以尝试让重低音部分的声波强烈到外面正遭受飞机轮番轰炸时的冲击波效果，那样的话这个地方就会恢复到它本来的防空洞的存在状态。这留给一小部分人的非常有限的安全空间，就会让人觉得更像是一个包含了微弱希望的胶囊，尽管光滑而色泽青黄的马赛克瓷砖看上去有种碎裂琉璃的感觉，但你仍旧会觉得即使是这样的墙壁也说不定什么时候就会融解。当人们都扎到那个中厅里去跳舞的时候，原来坐了很多人的位置上就空了，看上去就像二战期间巴黎拉丁区打烊后的咖啡馆，这里的潮气和空调冷气都保持着稳定的浓度。你每次被声波追逐着从中厅返回这里，都会有种蒙太奇的感觉，用的是固定镜头，有人回来，然后离开，还有人待在镜头的后面，抽着烟，手指轻轻地敲着低矮的桌面。明明是位老朋友，看上去却像是某部电影里的人物，告诉你旁边那位是个新朋友，还不知道他叫什么，他微笑着，露出洁白整齐的牙齿，他还有形状新奇的小胡子……这又让你觉得仿佛进入了另外一部片子的场景。另外两个朋友找不到了。他们应该是躲到某个地方抽烟去了，同时想着以什么样的理由在这样困倦的时候跟大家道别，他们确实想回家睡觉去了，这些纷乱喧嚣的地方对于他们来说已经是无法进入的，他们的表情过于严肃了……你走到外面，在闷热的人群里找到他们，据说刚有人打过架，两个保安把一个老外按在车门上，打得很专业。很多外国人聚在那里抽烟喝东西，几个乞丐在他们之间穿梭来去，摇着金属茶缸，里面的硬币发出哗啷哗啷的响声，再往外面一点，就是那些等待散场的出租车了，经常的，直到凌晨四点钟左右，他们还会在这里等着，挡风玻璃后面那些满脸冒油的暗淡脸庞，就像忘川边上的摆渡者一样，在此睁着蒙眬睡眼，木讷地待人上船，却从不会关心上船的是谁。当你把这里的结构与效果摸索清楚之后，它的神秘感就逐渐被稀释殆尽了。而道别之前的最后一个故事，是关于两位朋友的初次见面的。他们现在又坐到了一起，然后趁你们还没有离开，就把那次见面的过程重新讲了一遍。他们很多年前就在网上认识了，但从来都不知道彼此的样子，也不知道对方真实的名字。直到去年……在那次人数众多的晚间聚会上，他们碰巧挨着，然后又自然而然地聊了起来，问起了彼此的名字，一位说的是真名，而另一位报的是网名。前者觉得很巧，这个名字竟然跟自己认识的那位网友一样，但他并没有去追问什么。而后者则从没听说过前者的真名。他们聊了很久，都有一见如故的感觉，还留了联系方式，约定有空再聚起来喝酒。而要澄清这样的事情，还得等到后来，他们的女友作为网友多少有些迟钝地发现彼此竟是大学校友，等她们说到男友的网名以及经常出没的地带时，又发现原来他们也是彼此早就认识的网友……当然在接下来的时间里，在让各自男友跟她们一起欣赏朋友与恋人的照片时，他们惊讶地发现，彼此竟然是在不久前见过面并一起喝过酒的，确实，他们真的是早就认识的。好吧，说到这里，终于可以散场道别了。我们的这对朋友再过几天就要去美国，而他们的那对朋友呢？我们可能很难有机会再碰到了。大家身处的完全是不同的空间环境，在这里碰面，很可能只是个偶然的穿越。我们一行人穿过扭动的人群，在通道的尽头处转弯上了很陡的水泥楼梯，很多人在进来，从他们身边经过，你会觉得，后面的一切已经重新闭合了。钻进车里，感觉着那种闷热，听着发动机响起，冷气重现……随着车子开上高架路，你会忽然觉得，自己真的就像一只刚刚吹满了气的普通气球，又要重新回到那种散漫而安静的低空飘浮状态了，停在哪里，就不想再动了，要是有风再来，那就继续向前浮动，在某一时刻里有可能会不知所踪。

老人

……公交车摇晃着加速，车内灯熄灭，外面的各种光线错落而入，不时形成多重光影和明暗斑点，随着车身的晃动而转换着形态。旁边一位老人，有六十几岁吧，之前一直在跟旁边一位比他年轻十来岁的女人聊着什么……她很清瘦，语音纤细温和。在穿过隧道前的那一站，他们彼此道了别。她下了车，身影很快就消失在夜色里。老人侧着脸，注视着车窗外，黑暗摇晃了一下，但他的目光并不是追随她的身影，脸上也看不出有什么表情的变化……可是他的身体在不时地抽动，主要是肩膀、手，帕金森综合征的表现……后来尽管他抱紧双臂，可是仍旧会抽搐不已，无法遏止，不过没关系，他显然根本不在意这些，或许对于他来说，这抽动不已的身体，只不过是像抖动的公交车身一样，并不是他本身，真正的他只不过是身处其中的体验者而已，或者就像是海面的波浪，而他就是变动不息的海本身，完全不需要在意这些抽动以及在周围所引发的微妙变化，除了外面的夜色，时隐时现的灯光，忽然明亮的隧道，他似乎什么都看不到，或者说视而不见。不知道什么时候，他闭上了眼睛。身体在继续抽动，外面的金黄色路灯光圈刚好搭在了他右肩的边上，在某个转弯处还照亮了一下他光秃的额头，那一小簇摇晃的光仿佛是从他的身体里浮出，短暂地停留在那里的……他闭着眼睛，像似真的睡着了，略微皱着些眉头，整个面部的皮肤与肌肉的感觉还是很平和宁静的，即使是很仔细地看，也看不出有什么局促或松弛的趋势，就好像它们在他的无意识状态下自行达成了某种和谐的状态。其实抽搐的还有脖子，以及左侧眉毛，它们是贯穿了整个身体里的抽动动作的最末端了。不知过了多久，他张开了眼睛，然后注视着窗外，慢慢地唱起歌来，声音很轻，也很低，无论怎么仔细去听，在这动荡的车厢里都不可能听得清他唱的究竟是什么。

姑娘

……介绍她来的人，去了德国的黑森林度假，她想不起来自己是否见过他。她不知道自己在这里到底能做些什么，面试的那个人也不知道。透过窗户，她注意到对面的玻璃幕墙上浮现的白云，天空的颜色是那种渗入黑色里的淡蓝。云朵很多，静止不动。她什么都不问，只是默默地听着，就像待在一个灰色的盒子里，想不起来自己出现在这里的原因。他说得没错，她就像放大了的芭比娃娃，要是把她再放回到原来的地方，那个水族馆里的引导员的位置上，她很可能会被关入玻璃鱼缸里，慢慢地解体。面试的人给她拿来一堆图片，让她从中找出最特别的一张。五分钟。她把它们慢慢排开在桌面上。额头小巧而饱满，黑亮的眼珠略微内陷，光泽明显收敛，眉眼和鼻子一样做工精良，嘴唇的左角有点上翘，牙齿不白也不算整齐，脖子纤细……介绍人还说，她曾在一艘豪华邮轮上待过一个月，做那种专门负责在甲板上报时的芭比娃娃，每隔一小时就举着闪闪发光的电子钟牌在甲板上走上一圈……人人都想摸摸或者捏捏她的脸颊……她的手细长骨瘦，你猜对了，她说她没有亲人……因为大受欢迎，她只好长时间留在甲板上，举着那个电子报时牌，常常每天只能吃一顿饭，但她并没有因此而有过什么怨言，她甚至尝试过每隔一天吃一次饭，而且吃得也很少，直到她开始尝试三天吃一次时，才被人们制止。最后她挑了那张史前怪鱼的图片，因为它的样子她从没见过，那么地奇怪而又丑陋，有张宽阔的脸。她的腿很修长，小腿肌肉结实浑圆。面试的人想到某种陶瓷的俑，是那种蓝白的色调。黑森林里的他发现新婚妻子的鼻子、眼睛和下巴都是做出来的。他希望面试的人把这姑娘留下，安置在靠近天井的落地玻璃窗前，这样她每天都能看到那些草本花和黑色石子，还有正方形的宁静天空。面试的人问她喜欢尼泊尔么？她没去过。于是一周后这人就带她去了尼泊尔，并短信告诉他，她拒绝留下。后来有人在南非见到过他，一个人在约翰内斯堡的街头漫无目的地走着。可是没人再见到过她，那个像芭比娃娃的姑娘。

影子

……刚开始下起小雨的时候，就看到那个女人了，在高架桥上面的一个转弯处，她抱着个熟睡的小孩子，拖着一只布面的箱子，面无表情地走着。一辆红色的轿车，远远地就放慢了速度，直到从她的旁边经过，又开出百十米远，才逐渐加速，消失在远处。很多车辆飞速地驶过她的身旁，带起的风尘不断改变着她的深褐色齐肩头发的外形，它们好像丝丝都在自动弯曲地打着卷，她就那么一直走着，在这漫长的高架桥上，原地踏步似的走着，就像她终于找到了一条不会有终点而又不会遇到任何行人的道路。透过通往露台的那道玻璃门，能看到晦暗的天空下面零散旋转的几把阳伞，还有一些椅子，而在露台尽头处，则是一道深灰的两米多高的墙壁，上面的水迹像影子似的，每天都在改变着形状。感觉有点睁不开眼睛的时候，就站在那道玻璃门前，注视一会儿外面的景物。电话里对于场景的描述充满了停顿，但即使是能听到呼吸声时，也听不到汽车发动机的响声，就好像车子不是在行驶中，而是停在了什么地方……除了声音的间隙以外，所有借助声音出现的场景都像影子似的飘浮在那里，再过那么一阵子，它们就会微缩为斑点，凝固在视界的边缘。两个运动中的事物该如何来分享某些静止的瞬间呢？不管怎么说，空白要么产生浮力，要么产生下坠的重力，而稀薄的空气……困倦的人们从来不会被随意地收容，同时也摆脱不掉千丝万缕的关系，他们只能磕磕绊绊地走到某个角落里，注视着某些影子般的东西，感觉自己其实是处在飘浮状态的，可整个身子又是那么地重，像灌满了铅。那些从遥远的国度带回的画册里有几百幅画都是以脸为题材的，各种各样的脸，男男女女的脸，要是长时间地翻看它们，就不难让其中没有的一张面孔慢慢地出现，疲倦的旅行者，在提高车速的过程中驱逐着睡意的不断纠缠，她能感觉得到某种轨道的存在么，就像星辰那样？就连那个踩着滑板车飞奔的男孩也有他的轨道，在那个内陷的小广场里，在很多伫立的影子之间，他穿梭来去，远远地看着那个陌生人，有时候他会把那个小滑板车丢在广场上，自己不声不响地走过来，看着他的脸，然后又忽然地转身离开，找回它，继续飞快地滑行，在那个渐渐蓄满了黑暗的广场上，他寻找着散碎的光影，滑过它们。其实很多想象最后都可以回到原始的起点上。

热带

……从栈桥通道出来，他就没有看到那个人的踪影。他快步走着，感觉是脚底下的光滑地面在迅速地向后跑去，而自己只不过是让双脚有节奏地脱离地面，要是换个角度去琢磨一下，也有可能很像个在光滑金属滚桶上奔跑的老鼠，全身心地沉浸在这仿佛可以永无止境的运动过程中……所有的人跟物都是影子，跟大厅里的各种光影互相渗透着，不会有任何意义上的粘连与融合，只是在互相透过而已，无声无息的。那些云朵，近乎完美的云朵，此前被他一朵一朵地装到了脑海里，它们的用处就是在这样的时候被顺便抛到了空中，就像气球一样，牵连着他身上的汗毛。就在他忽然看到出口，同时看到他们缓慢地拥抱了一下的瞬间，他才把它们统统收起来装回去，就像跳伞者收起白花花的伞包，他跟在了他们的后面。三个人钻进了车里，在空调冷风完成对他们的包裹之后，世界就变了模样。他坐在后面，看不到前面的人，而这个人忽然就怒气冲天，对另一个人。他注视着外面流动的植物、建筑和云朵。它们是理想的装饰物，不好看，但刚好可以对应一个人对另一个人的羞辱，他甚至会觉得在这个世界上，一个习惯性紧张兮兮的人能够用来平衡不得不承受的羞辱的东西，基本上就是这样一些无用的装饰物了，就好像那个人正在撕扯这个人的衣服，而这位只能用餐巾纸或树叶、旧杂志、废报纸去遮掩身体。所有的羞辱，说到底都是自己反复争取来的。他偶尔瞟上那个受害者一眼，发现他就像是脱水了似的，呆坐在那里，不时探出一点舌尖，舔着发干的嘴唇。他知道少看两眼或者干脆不看，对那个人是好事，这样或许可以避免他变成一摊泥，而顶多只是变成一块石头，相对安全些的……当然那个发怒的人像个锤子，反复敲打着这块石头，力度够大，在石头表面留下一簇又一簇白色斑点，而作为旁观者的他，则会把它们想象成新的云朵。

……他们进来的时候，另一些他们已经喝多了。他们红着脸，高声恭维，就像几个河马，不住地喷着水，露出圆柱状的牙和粉红的口腔。他们大嗓门地欢迎着他们来到这个学校，这个在他们看来土里土气的地方能让这几位光临真是令人受宠若惊啊，他们紧紧拉着之前还在发怒的那位兄台的手，举着小玻璃杯，里面的酒一直在往外溢出，他们手指头上都是酒液在闪光，散发着浓烈的香味。他们的口水很快就把他变软了。在这个世界往往就是这样的道理，即使是最虚伪的恭维，要是达到了足够的强度的话，也很有可能会立即产生化腐朽为神奇的效果。在这个过程中，你会发现虚伪的最佳调和物其实就是粗俗，精致的虚伪恭维通常是容易引发厌恶的，但是粗俗跟虚伪恭维的混合物就完全不同了，它会出人意料地催生出某种“喜剧”的或者说闹剧的效果，这就像反复的拍打会被理解为按摩手法一样可以产生舒服的效果。校长说他最大的发明，就是这里的馒头。那位兄台面带微笑，若有所思地掰开一个馒头，慢慢地吃着。在他的左侧，坐着位眼里流光溢彩的女子，她扎着清爽的马尾辫，据说是位身份神秘的特殊客人，看上去就像是味道怪异的“闹剧牌”鸡尾酒杯沿上夹的一片绿皮柠檬，足以消解任何不满的情绪发酵。这出戏的幕后导演，是一位面色历来红润的淡定老手，他最擅长的就是以一种热闹的方式把一个无聊的局做得让人满意舒服。在去机场的路上，他轻松地表达着自己的歉意，其实他知道那位兄台早就不那么恼火了，他语气谦卑地提出，将来我要为您组织一次千人大会，保证让演讲更有效果。一千人？嗯，一千人。那就不用了。

司机把他放在机场出发口的时候，暴雨忽然停了。一路上因为暴雨的狂落而生发出来的古怪兴奋也转眼就消解了。唯一让他觉得还有些希望的，是远处空中的闪电，它们不时透过灰蒙蒙的厚积云层闪向天际。候机大厅里只有很少的人。很多航班都取消了。唯独他的航班还没有确定是取消还是延误。他给司机打了个电话，让他回来，当然他也清楚，这一圈要转回来，也是得花上个把小时的，司机已经跑出挺远了，正在一座桥上。慢就慢吧，他并不在意司机会在什么时候赶回机场。他走到旁边的小商场里，挑了罐台湾啤酒，还有一包台湾的豆干，然后找到一个有地插的地方，坐在地上，掏出手机充电器，插入，就在那里慢慢地喝啤酒，就着豆干。他想着自己能想起的台湾岛上的地名，完全是下意识地想着，最后他决定想那个叫花莲的地方，其实只是这两个字而已，它们就像投影似的被他投射到灰茫茫的暴雨过后的夜空里，他从来没去过那个岛，但这根本就不重要，他本来也没有想它，他只不过是觉得现在这个时候机场就像个岛屿，而他在等一班轮渡，然后离开。这段时间是属于他自己的，不会有任何干扰，尽管也没什么事可做，这里面仍旧有某种惬意的感觉悄悄浮上来，就像洗净衣物时水面最后一堆清新的泡沫。手机电量充到百分之五十的时候，还没有任何航班信息。他看着那个巨大的航班信息电子屏幕，只有两个航班的信息是没有确定的。又有一批旅客不知道从哪里冒了出来，跟着旅行社的戴帽子的人离开了机场。一个穿着绿色长裙的姑娘站在十几步外的地方，拿着手机低声说着话。她的影子倒映在光滑的地面上。他掏出另一个城市的地图，把它铺展在地上，仔细地看着。之前的一个短信告诉他，要跟他一起飞的那位客人还在看演出，还不能确定他是不是坚持今晚飞。在看什么演出呢？哦，可能是出昆剧，《游园惊梦》之类的什么什么。这时候他听到那个绿裙女子高声说道，你觉得，你觉得什么呢？他抬起头去看，发现她已经快步走远了，拖着那个绿箱子。他决定告诉那个等在剧场外的同事，所有的航班都取消了，这是最新的消息。后来，凌晨的时候，他梦见自己一大早就来到了另一个机场，但是那里没有航班信息电子屏。他就在那里吃了早餐。这是半年来他吃的第二次早餐了。

拖船

……就像一条拖船，傍晚时缓慢行驶在黏稠浑浊的江水中，她面无表情地从广场侧面走过，穿过那个窗口幽暗的咖啡馆外露天座椅之间的过道，只要稍微注意一下，就会发现她的身体实际上是有些僵硬的，习惯性地挺直了身体，尽管那身米色的薄麻衣裙看上去有些飘飘然的感觉……船是空的，清理得很是整洁，没有任何凌乱的迹象，甲板上空空荡荡，驾驶室里似乎也看不到人影……这是指她的眼睛，像驾驶室的挡风玻璃……她神情严肃，但眼神里仍然流露出正在下意识地想着什么的明暗变化，很可能它们本不值得她去想一想，但就是那么自然地浮现了，还有随之而来的人脸，她侧歪了一下头，像在机敏地避过什么扑面而来的无形的东西……她有三十五六岁？或许，但她无疑是有这个年龄最重要的品质的，就是那种面无表情的淡定，即使是在无所事事的时候、没有人理睬的时候、早上看到镜子里的陌生自己的时候，还有在某个瞬间忽然清晰地感受到各种下坠感的时候……她的身后，跟着两个孩子，都有六七岁的样子，一个男孩，一个女孩，都有一头乱糟糟的卷发。这是在傍晚时分，她和他们，或者说她带领他们，慢慢地走过广场的侧面，左侧是咖啡馆，右侧是喷水池以及树木，天黑下来时，他们刚好走到了广场的中央，忽然变得模糊了的三个影子，尤其是那两个孩子，就像小船，尾随着她，在灰暗的水面不时地摇晃着。

鱼缸

……透过玻璃，她看着那两个孩子在阳光下面奔跑。这里不能算是广场，只能说是几幢高楼围出的空场，正午的阳光垂直照射下来，石头地面被晒得滚烫耀眼，哪怕只是看上一小会儿，那白花花的光线也会让你在掉转头时眼前一阵发黑。所以坐在餐厅的幽暗深处往外看，你会不由自主地眯起眼睛……比较奇怪的是那几棵装饰环境的小树，在阳光里仿佛是透明的。她注意到这个露天地上除了阳光，还有几条明亮的长方形石头，上面有几个泉眼，凉丝丝的水在不断涌现，一个小男孩，光着上身，在那里把脸浸到涌泉口，用力地吹着水。她的那两个儿子则很快就厌倦了。这不能怪他们，天气太热了，要是走在太阳下面，你停下的话，似乎呼吸和心跳也会随即停下。他们各自找了把椅子，坐在了旁边的阴影里，只是把腿伸到了外面，伸在阳光里，白亮的小腿像鱼似的，不时摆动着。室内的幽暗令人惬意，有某种出人意料的溶解力，能随意地将任何一个东西溶解并转化成别的什么东西，比如把一只玻璃杯子变成一张纸巾，或是把一把叉子变成木纹，或是把她变成玻璃的一部分……不，是所有的玻璃，围绕着这个满溢着炙热阳光的地方的，就是她本身，她就是玻璃做成的，包围着那两个正被无聊和酷暑折磨得有些疲倦的孩子，没有人会注意到她的存在，她是透明的。

绿衣

……看来这个世界还不会轻易就完结。清晨四点多，一切都是淡青色的，还有很多阴影与之呼应、相背离。街上人影稀少，车也很少。路口附近，有几个老人聚在一处，不知道在等着什么。出来得太早了，地铁头班车要到六点钟才会开来。他坐在便利店里，面对着窗子，等着方便面泡好。困意还没有浮上来呢，现在不用担心什么，一点头晕的感觉都没有，心脏的跳动也很平稳，没有半点混乱的迹象……昨晚喝酒时的很多瞬间和场景，他怎么都想不起来……他只记得自己在地板上先后换了好几个地方躺着，其实只是想打个电话就睡了，但是后来怎么样了呢？他完全想不起来了。另几个朋友先后出现，都会找到他，伸手摸摸他的脸，他们的手让他觉得自己的脸就像木头上生出的木耳，软软的。他们都是他打电话召唤来的。可他不记得自己打过电话。天际线略微有点发红的时候，又来了一个顾客，是女的，身材高挑，她穿了身水绿的薄丝绵连衣裤，脚下高跟鞋的鞋跟近十厘米，腿很修长结实……她扎着马尾辫，或者只是用个头发夹子把长发简单地拢在脑后。她带了条很瘦小的狗，褐色的，没有毛，细脚伶仃地紧跟着她的小腿晃了进来。她一边挑选着日常用品，一边跟它不断地说话，就像跟自己的孩子说话一样……早晨太安静了，尽管车辆偶然驶过的声音会显得过于响亮，还是能听得到她在跟小狗说话的声音，有那么一点沙哑。后来，等他吃完了面，背着包来到外面，左右望了望，才发现她正在不远处的路边，俯着身子，对那只小狗说着话。他觉得她的脸颊有腮红，当然相形之下，东方天际溢出的那抹红光边儿就显得太过夸张了。

波纹

……天气比别人形容的还要冷一些。从后视镜里，她看到后面不远处有辆红色的车，就像个影子似的，从进入高速公路以后就始终跟随着。要是从后面那辆车的角度看，估计也是同样的感觉。这种古怪的温度波动，对于已习惯了夏天感觉的人来说，显然一时很难找到对应的状态。雨也不是通常的，有种特别的黏稠，好像每一滴雨点都是非常缓慢地滑落下来的，打在了车窗玻璃上，也是油汪汪的一点水花，裹住了一簇灰尘，它们还要过些时间才能摆脱出来。“他们就像模糊的影子，这些影子就像一个人在不同地方留下的，他们就像一个人的多个切片，随时随地都可以彼此取代。”车在加速，他们的形象与声音在逐渐地涣散，就像水面的油斑被大风吹过那样，“好像所有人都在画一个圈，在原地，不停地画圈……”。他们好像什么都有了，或者说什么都可能有，但你知道那是怎么回事儿，他们只不过是有本事把一切都弄得油乎乎的，或者说在把一切都变成了油腻的生活，然后还要一切，是啊，他们总是想要一切，而对于他们来说，一切其实又永远都是简单的。没有什么是复杂的。没有。这是他们的本事。在阴郁的天空下面，她感觉到车身的轻微摇晃。当更遥远的空间开始浮现在想象里的时候，她才渐渐地恢复了平静。这两百多公里的路程，就像不断展开也不断重叠的过滤网，不管背后还有什么东西尾随而来，似乎最后都会被滤得干干净净，在这个过程中所有的一切都在变小，包括她自己，会在车子开入地下车库停好之后，变成漫游奇境里的爱丽丝，在地上随手写个什么字，都会变成一道微小的门，让她闪身而入。并不是什么都能用文字来保存或传达。困倦是对称的。语言的溢出，与语言的窒息，这两种状态有着多么相似的本质啊，它们之间有个寂静而隐蔽的河谷。放眼望去，无处不是布满了透明的气化的波纹，每道不够稳定的波纹似乎都是这条不时分岔的高速公路的折射，她在波纹里。

狩猎

……他们就要去纳米比亚狩猎了。在杯盘狼藉的狭长桌子边上，他眯缝起眼睛，似乎又回味了一下这个异常遥远的国度之名，而旁边那两位的表情则看不出一丝变化。他不知道这两个多少有点奇怪的人此时此刻在想些什么，世上的事就是这样的了，可以去随意猜一个人的奇怪，但不用猜两个人的，否则的话就会是三个奇怪的人了。那里有个封闭的狩猎区，他说，他们可以在那里打狒狒、土狼之类的动物。它们总是繁殖得过快，这不是他说的，是动物世界节目里说的。它们知道如何控制族群的规模，但大体上还是繁殖得过快了。他会跟着他们，随时随地给他们拍照，而他们则在向导的带领下，追随着它们的足迹，当然他顺便也会不时参与到打猎中去。他喜欢这样的感觉，就是放下摄像机或照相机，拿起猎枪，瞄准猎物，轰。这其实跟拍照没什么区别，都是为了在某个瞬间里抓住什么。他放下筷子，注视着对面的那个小男孩，口气温和地问他话，同时伸出他那又长又粗的手臂，用手指头轻轻碰了碰小男孩的下颌。谁会知道这个孩子在那里默默地转动着黑黑的眼珠琢磨什么呢？这是他眼中的空白段落，也就是说，这不是内容，会被自动屏蔽，当然即使这样他也可以若无其事地继续说着话，有时候说话也是一种屏蔽的方式。在他的侧面地上，放着那个大背包，是他要还给她的。它跟着他在越南南部转了一圈。现在它是空的，要是提起来的话，会有种出乎意料的轻。在他旁边坐着的那个老男人总是扯一些无聊而又严肃的话题，而他实在没有兴趣去想一想这个家伙为什么会出现在自己的面前。既然人人都活在这么一个充满了障碍的世界上，那就不需要再为此多说什么了，没有障碍也会马上有人为你制造出来的，这个你就放心好了。他忍不住看了眼坐在老男人对面的她，眼光扫描的速度非常之快，他开始想吃过饭要做什么事了。他理解不了她的那种莫名其妙的欢快情绪，在他的眼中，她到底是个什么样的人呢？那个老男人后来对她分析道，在他的眼中，很可能你就像一头偶然闯入城市、站在路口的梅花鹿。她出神地想了想，重复了一下最后那三个字，就像说的是异世的事物。后来她想到了另一个跟他同名的人，她跟他一起读小学、中学，始终都不如他，他永远在前面，无法超越……大学毕业以后，他有很多可以选择的机会，但最后的结果是，他回到了家乡。他找了个门当户对的有钱人家的姑娘，结了婚，有了孩子。这么样的一个人，她觉得，他很快就被某种深不可测的旋涡拖住然后就完全吞噬了。这种感觉忽然间变得如此强烈，突兀地萦绕在她的空间里。一个人就是这么轻易地消失的，就像被什么不可知的神秘力量瞬间捕获并带走，或是被腐朽的魔法击中，原地变成了石头，也许是可以活动的那种空壳……从地下停车场里把车子开到了地面上，再穿过几条窄路，来到主干道上……她凝视着前方的那些车辆，天已经完全黑了。她注意到，前面那些拥挤的车辆，在停滞的时候，看上去就像是迁徙中的野牛群，她下意识地眯起眼睛，打量了几下夜色中的它们。

枪

……很多天了，他闭门造枪。这是个纠缠了他很久的念头——无论如何，得给自己造把枪。在失忆症还没有完全主宰他之前，他一定要完成这个任务。当然你也可以像他的某些邻居那样，认为他其实是为了掩盖自己得了失忆症这个真相，才决定闭门不出的，也只有这样，他才不会在别人面前泄漏什么。这个问题是如此严重，变成了他心头最大的忧虑，而且常常的，比这更为严重的忧虑是，他会想不起自己的巨大忧虑源自何处，只有忧虑留了下来，所有的原因都无可避免地被忘记了。但他不会忘了自己现在正在做什么，因为他每天临睡前都会详细地记录造枪的进程。在他卧室的墙壁上，挂着整个的流程图，每个步骤都有张图，清晰地描绘了应该怎么做才能进入下一步。他认为这些线描图是他见过的最好的艺术品，其中的任何一幅都是令人激动不已的。在他开始工作之前，就把这些图悬挂在那里了，每天都要花上半天时间，仔细地琢磨它们，让每个步骤里的每个细节都印入自己的脑海。直到有一天终于确定自己已完全想好了，他才去西北某地购买相应的零部件，还有子弹。

他整整出去了一个月。回来时，他看上去像个放羊的，晒得又黑又瘦，脸上还有些伤痕。隔壁邻居阿惟怀孕了，他走的时候她好像还没有显怀，但现在已经挺着大肚子了，这让他有些摸不着头脑，这一个月会有这么大的作用？阿惟站在楼洞门口，扶着腰对他说："你走了多久啊？"他点了点头，说是整整一个月。"去哪了呢？"他就说是西北，这样一说起来，他觉得自己真的不该隐瞒什么，但是等到他想把自己去买手枪零部件的事大致说一遍时，却发现什么都没得说了，有的只是一头雾水。他注视着她的脸，眯缝着眼睛，像在出神地看着。她觉得他的眼睛里一片蒙眬。看了看那箱东西，他指给她看上面有行小字：这是一把手枪。"要看一下么？"她有些不安地点了一下头。进到自己的门厅里，他示意她也进来，然后就把那个搁在桌面上的纸壳箱子打开了。他把所有的零件都摊开了，放在了桌面上。"你弄它做什么呢？"她的问题让他迟疑。"我还没想好。"他说道。他看了看她隆起的肚子。"他还没回来么？"她摇了摇头，然后又说她得回去了，炉灶上的汤已经煲了四个小时了。"你要尝一尝么？"他没有答话，默默地把那些零件又都装了回去，然后抱着箱子到了卧室里。他忘了把门关上了。卧室的门，外面的门，都大敞着。阿惟的门也是开着的，他偶尔抬起头来，就能透过这三道门，看到坐在自家门厅里喝汤的阿惟。是个背影，很陌生了。他们是在顶层，所以不会有人经过他们的门前。

阿惟端了一大碗汤，走了过来，把它放到了他卧室里的这张方桌的角上。这张桌子已经摆满了零件和工具。“这是什么枪呢？”她有点心不在焉地问道。“手枪。”他说，手里并没有停下。“我知道啊，我问的是哪种手枪？”他想了想，最后摇了一下头，好像在表示自己没能想起它的名字。“可你做这么一把枪，到底是要干吗呢？”他已完成一半了。“我准备去抢一下储蓄所，你觉得怎么样？”他若无其事地说道，都没看她一眼。她表示无所谓啊，是个不错的想法，问题是他要是得手的话，会不会分给她一部分呢？见者有份嘛。他很认真地想了想，然后眼神温和地注视着她的眼睛：“应该会的，要是没有什么意外的话……”她无声无息地乐了，然后慢慢站起身来，四处观望了一下，对他说她困了，要去睡一会儿了。他点了点头，继续组装着手枪。他们认识有一年了。起初他不知道她是干什么的，只知道她白天基本上都会在家里待着，晚上才出去上班。后来才知道她是在一家低档舞厅里给那些穷得要命的老男人当舞伴。当然也不都是老男人，偶尔也会有年轻人，她喜欢他们那种略带羞涩的样子。她男人就是在那里认识的，是个做猪肉生意的胖子。那男人曾经严重怀疑她跟对门这位关系不正常，就约他出去谈谈，结果被他用斧子砍得满街跑，一直跑到派出所。那还是在冬天里，穿着厚厚的棉衣，斧子也砍不上劲儿。有很长时间，那男人都没再出现。她说是去韩国了，把她的大儿子也带去了，边打工边读书，那孩子已经十七岁了。

其实他们在一起的时候很少。但他总是说，将来他会给她很多钱，将来的某一天。她说你难道要去抢银行么？他点了下头。她就不言语了。因为她忽然被他的严肃表情给吓到了。不过转念一想，她又觉得自己这样有点没道理，于是就笑吟吟地说："那好，你敢抢，我就敢要。但进了我包的钱，就不可能再还给你喽？我这人就是这样，有进没出。"现在他真的把造枪的零部件买回来了。他走的时候并没有跟她打招呼，以至于她以为他是失踪了。在他走的这一个月里，她每天都会看报纸，看电视新闻。她不知道他是去西北了，以为他随时随地都会因为抢银行而出现在新闻里，但是什么都没有发现。现在他告诉她："下周一再看新闻吧。现在看是没有用的。从现在开始，我就闭门了。"后来，连续几天里，她都试图敲开他的门，但都没有成功。以至于最后她都有点怀疑，他是不是已经不在家了？

周一的所有媒体新闻里都把这件事情当作了头条来报道。早晨七点钟，外面下着细雨，在那个菜市场附近的储蓄所外，骑自行车去分行取了十万块现金的女工作人员穿着塑料雨披慢慢地过来了，刚到储蓄所门的侧面，就被蹿出来的一个人撞倒了，那女的拼命把那袋现金压在了身下，而那个人则错误地拎走了装满新鲜蔬菜的那个同样的袋子。所有的新闻都在报道这个抢银行未遂事件。她有点奇怪的是他竟然没有用枪。那么现在他在哪里呢？还会回来么？她给他打过几次电话，但始终都处在停机状态。她觉得他可能已经逃走了。夜里睡不着，她忽然想起，自己还有把他家的钥匙，在抽屉里那个日记本中夹着呢。于是在凌晨到来之前，她就找出了它，然后开门来到他的门前，用钥匙轻轻地打开了他的房门。她发现卧室的门是关着的，而且是在里面锁着的。她有些激动的感觉，就轻轻敲了一下门。这时候，里面传来一声巨响，接着就是一连串的巨响，她数得很清楚，一共六下，她感觉到很多木头碎屑溅到了自己的脸上，还听到了意味着清晨即将到来的鸟叫声……她觉得自己好像也变成了碎片。

射击

……你的脚搭在宽敞的窗台上，透过大脚指与二脚指之间略微张开的缝隙，你的目光刚好投射到窗外低缓的谷地里的那一片红墙灰瓦建筑的顶上，就像在瞄着什么一样，你眯起了左眼。最近一段日子里，你几乎每天都会在这里待上大半天，什么都不做，只是望着外面深秋的褐绿斑驳的景色……你希望以这样一种方式让自己是空的，从身体到脑子，什么都不要有……温度在持续下降，可能再过些日子就会下雪了，现在眼前的一切还是柔软的，到处都像铺好了褐绿的薄毯子……这丘陵地带，在窗子里，被自然地弄出了很多褶皱，而你自己，以及这幢宽敞的房子，都微缩为陷入其中的一个淡淡的光斑。那个想法是慢慢出现的，你想象着能有把威力足够的手枪。

蒂特跟往常一样，敲了敲门，就进来了。你远远地就闻到了蒂特身上特有的那股难闻的臭味，从你认识他开始，就熟悉了这种臭味了，这几乎是他的标志。当然对于你来说这已经不算什么奇怪的事了，你不会像家里的那些客人那样皱皱眉头，因为你喜欢蒂特这家伙，一个不可思议的人。蒂特经常会来帮你做点什么。这个三十来岁的电工除了不会写字，好像没什么是不会的。跟别的德国人太不一样了，他从来都是想来就来，约都不会约，就突然出现了，然后不知道什么时候又忽然消失了……当然有些时候即使你叫了他，他答应了，也不会按时出现，而是会习惯性地迟到。这家伙的手非常巧，好像什么都会修，什么都会做。他的理想就是做个自由自在的手艺人，所以他住的地方像个大车间，里面的混乱肮脏度是无法想象的，可能是你见过的最脏的住处了，可是他喜欢这样，觉得很舒服。为此他还离了婚。也确实没有哪个女人愿意陪着他，像个疯子似的生活在这样的地方。在他那里，你无法知道到底存放了多少奇奇怪怪的东西，从笨重的车床，到五花八门的工具，还有各种各样的杂物、材料，他好像没什么是不感兴趣的。

他知道你最近在琢磨事，好像也知道你在酝酿着什么重要的事，因此每天不管有事没事，几乎都会在下午过来转转，却又从不问你有没有什么事需要他做的。他好像很喜欢这种默默期待着什么的充满了未知的感觉。这天下午他又一次出现时，你终于还是叫住了他。他到了你的旁边，拿了瓶黑啤酒，若无其事地喝着。你问他哪里能找到枪呢？就是手枪。这么多天你一直在想办法，可是一无所获，你的朋友里竟然没有人有持枪证，也没人私下里玩枪。要是没有枪，你的事就做不成了。他听着，忽然就大笑起来。然后就问你用枪做什么呢？你把那本出于上世纪八十年代中期的破旧的《德汉双解辞典》放在了他的面前，就是要找到一把威力足够的手枪，射穿它。于是他就带着你去了他家里。从自己的床下，他拖出来一个大箱子。打开它的时候，你发现里面竟然都是手枪，各种各样的手枪。他也没有持枪证，这些枪都来自非正常渠道，他非常喜欢它们。在你惊讶未退的时候，他又开车带你去了一个也喜欢玩枪的朋友家里。在路上，他时不时地会指着路牌，或是树干，耐心地给你看上面的弹孔。他喜欢射击路牌这样的东西，而不是别的什么。他说射击俱乐部里的人最喜欢的，并不是那种发生在很专业的射击场里的事，他们都喜欢开车转悠在空寂的街道上，去射击那些没用的东西，跟比赛似的。

他朋友家里简直像个军火库，足够搞一场革命了你说。除了没有重武器，长长短短的各种枪支在这里随处都见。最后终于帮你确定了三把不同型号的手枪，有两把是这位朋友的，有一把是他的。然后他们在射击俱乐部的靶场里看着你试射了一百多发子弹。他说他感觉到了你的射击天赋，只是比较奇怪，你为什么非要用手枪去射穿一本辞典呢？后来他收起了好奇心，帮你把那本辞典固定在了白色的墙壁上，然后把你需要的射灯装在你的身后，这样光线投射到那面白墙上，你的身影就跟墙上那本辞典重合了，刚好是你头部的位置，你在辞典里夹了二十六张与辞典同大的不同时期的个人照片，右上角写着时间、大写的字母……你瞄准之后，射击，子弹完全击穿了它……我发现这并不是个容易的过程，枪的反冲力，巨大的轰响，当你觉得它们已不再能影响到你的时候，才完成了最为理想的射击。你设计的结构其实并不追求复杂，先是把射击过程录像，之后把被击穿的那部辞典的每一页纸都拆下来镶入画框里，然后把它们依次装框挂到墙上，你还可以慢慢地感受每一页纸上留下的形状很不规则的弹孔。

蒂特的帮忙是收费的。每小时二十五欧元。他很喜欢继续做一个热爱手艺，同时又什么都不在乎的人。他提醒你说，其实在射击之前，你的身体是明显有些不由自主的颤抖的，直到枪响过三声之后，你才渐渐地恢复了正常状态……他说话的时候，始终在仔细地打量着你。就像是在拿此时你的样子，跟夹在辞典里的那二十六张被子弹击穿的肖像照比较着。其实不用他来比较，你也知道这已是完全不同的两种状态了。很多变化都是微妙的。在射击发生之前，你总以为那一瞬间会像电影里看到的那样，《圣经》的厚度是可以挡子弹的，辞典也应该可以救人一命……但实际上子弹会轻易击穿整本书。蒂特已经对子弹做过处理了，他打开弹头，减少了火药量，但子弹的威力还是那么地大，而且越到弹道的后端，破坏面就越大，有种非常暴烈的感觉。

山羊

……他们家就在胡同深处的那个长弧形的拐角里。东侧墙上有个蓝漆斑驳的小木窗子，它真的很小，打开时好像也就能伸出个手吧，平时里面还遮了块灰布帘，这是羊圈，平时经过那里，先是闻到羊粪味儿，然后就听到此起彼伏的咩咩叫声……那个小窗子里，偶尔还会闪现一只羊眼睛，在暗中温柔地看着你；他们家大门开在南面，即便是关着的也还是挡不住浓重的膻臊味——混合着羊粪、羊奶、羊肉、羊皮跟草料的气味之后持续弥漫开的热烈气息。要是你碰巧起了个大早，又刚好路过这里，在五月里的五点钟左右，那你很可能就会被这样一个场景给吓到：他们家的门忽然敞开，十几只大小不一的山羊，像新鲜奶油似的破开了那膻臊的晨雾，慢慢地涌了出来……最后出来的，就是他们家的老爷爷，肩上扛了个小猴，那个短胖的老头儿留着山羊胡子，戴着回族小白帽，腰里还别了根长烟袋锅，红光满面……他们家里无论老少人人都是红光满面的，那肤色就像新生儿的肌肤，粉红粉红的……因为据说他们每天都喝很多羊奶……后来跟老爷子一起出来的，还有他的重孙、重孙女，都是白里透红的胖脸蛋，五六岁的样子。

对于一九八三年的我来说，他们家就像一个民间马戏团的临时后台般的奇幻角落。除了老爷子会武术以外，他的儿孙们也都习武。整个旧街，就我跟我奶奶见识过他们练武时的场面。我奶奶是居委会主任，有一回带我去他们家里，门还没有开，就听到里面传来有人在舞动什么的呼呼风声……门开了，就见那位老爷子正赤膊舞那把几十斤重的青龙偃月刀。我们进来站定了，他就唰的一下收刀住手，把大刀拄立在右侧，深呼吸，然后注视着我们。当时我有点晕晕的感觉，一是刀风滚滚，震住了我，另外就是院里弥漫的比门外浓几倍的那股味道，会让你觉得仿佛置身于另一个世界里。他们家到底是什么时候搬来的呢？奶奶好像说过，但我忘了。好像是来自甘肃那边。那时在我想象里，会冒出小人书里看到的场景——他们一家人赶着羊群，从那遥远的西北，翻越山岭，穿过平原，一直曲折地来到了遥远的东北……一路上除了羊群的叫声，好像都没有人说话，而在他们身后的天边，那些灰白寂静的云朵，也像羊群似的，远远地待在那里。他们就是这样沉默着来到我们这里的，把剃头的老李死后留下的两间房收拾干净，在外面砌了道弧形的墙，比周围人家的院墙高出半米多。他们从不跟邻居们来往。对于代表街道出面关怀他们家的我奶奶，他们也没表现出丝毫热情的意思。我奶奶背着手，笑着跟他们说着话，一气说了半个多小时。他们从头到尾都是很严肃的表情。除了老爷子会适时说出哦、嗯、是、对、好之外，再也听不到别的了。最后，奶奶客气地提到了这里的味道，周围的邻居都有些不适应了。老爷子默默地听着。等奶奶把话都说完，才回了句："是啊。"听不出来有什么态度，倒像是在送客了。"真没见过这样的人家。"奶奶悻悻不已。从里面出来，走出胡同之后，她才长长出了口气。

他们家是依然我行我素。那院子，很少消停。有时是在宰羊，那些声音足够让听者惊心动魄；有时是半夜里羊下崽儿了，他们在院子里挂上两百瓦的大灯泡儿，远远看去，那院子就像多了个金光闪闪的透明罩；有时在安静的下午，从墙里忽然传出往白铁桶里挤羊奶的声音，就是羊奶射到桶底又溅起时的那种回响……想想看，要是这些场景定格刹那，然后画面淡入到次日清晨——他们家门又一次敞开了，里面涌出更大的羊群，会不会很有种"阿拉伯的故事"的古怪感觉？但这感觉没多久就破灭了。一个周末，我走在胡同里，手里拿着一把弹弓子，四处乱射。在胡同的拐弯处，他们家的孙子里的老三老四（他们比我大三四岁）在那抽烟。见我过来，他们就盯着我手里的弹弓子看。老四叫住了我："我看看。"我递给了他，还给了他几个石子。他试了试，打落了不远处那棵老槐树上的几片叶子。"借我玩几天。"说完他们就走开了。我跟奶奶说了。她说，别要了。我又跟爸爸说了。他说，谁叫你给人家看到呢？但说归说，第二天他还是去他们家把弹弓子要回来了。据说那老爷子知道这事儿以后非常愤怒，把那老四捆在条凳上，一顿乱棍，屁股都打开花了。“我看他们一家子那阵式，这点仇是结下了……”我爸意味深长地说道。从那往后，那两兄弟见到我就会扭头走开。

他们家院子里的西侧仓房前，摆着木制的兵器架。上面摆着大刀、长枪、棍，还挂着扑刀、剑、七节鞭、三节棍、双节棍和藤盾。刀、枪、剑上都缀有红缨，舞动起来特别好看。那院子也就十几平米。他们家的后院紧挨着其他两户人家的狭窄后院，里面种了些蔬菜，墙角还有个小茅厕，蔬菜上的都是自家肥料，夏天里的那种味道，让邻居们非常不满。奶奶面对邻居们的投诉，回复都是一句话：“上面是有政策的。”政策就是让我们吃屎？这算是群众中最凶的反问了，引来了一阵哄笑，但奶奶的镇定自若，轻易就化解了这句话造成的窘境。就这样，他们家被称为“旧街的独立王国”。一九八四年严打前的那场波及整个西部郊区的械斗，在很大程度上改变了人们对这家人的看法。当时建设街的上百个小伙子，手持锹把子，把旧街这边的几十个小青年打得屁滚尿流四处鼠窜，有的当场就被打倒在马路上。就在那些家伙肆无忌惮地开始打砸的时候，那位老爷子手执大刀，率领穿着练功服举着枪棒的儿孙们，从胡同里杀了出来。没用半小时，他们就制服了十几个人，都拿麻绳捆上了。据说他们下手很有分寸，所以那些人都是轻伤。后来派出所还给他们家颁发了个“见义勇为”的奖状，在严打表彰大会之后发的。邻居们觉得这一家子也真是奇人，大家以后就多宽容点吧，虽说人家也不搭理咱们，但也没必要冷眼相对吧？后来我奶奶几经周折打听到，这位老爷子在解放前，在一个西北大镖局里当过头把镖师。六一年闹饥荒，举家来到了东北。先在沈阳投亲，后在抚顺落的户。

有一年秋天，市里搞群众体育运动大会，把老爷子请了去，表演了一套春秋刀。当时在场的一位行家说，这就是传说中的关二爷的刀法，六十四路，春秋刀。听那人的腔调，看那神情，跟说书的很像……说到紧要处，还潇洒地亮了个架式:“看着没，这就是‘回头望月’！”那天我爸也在场。看老爷子耍完那一套大刀，他就叹了口气。出来之后，我就问他:“爸，你能跟这老爷子比划两下子么？”他年轻时也是练过好多年武术的，跟的是本地有名的老苗师傅，练的太祖长拳、长棍、长枪、长剑什么的……“文化大革命”期间，他在厂里闲着没事，就用车床做了条白钢的七节鞭，另外还做了白钢套环的双节棍、一把白钢扑刀和一把白钢的剑……平时每天早晨起来，一直到上班前，他都会穿着那种白色薄绸的练功服，在院子里表情严肃地踢踢腿、翻个跟头、来个金鸡独立什么的。我那么一问，把他问住了。他望着远处，出了会神，最后白了我一眼，说了两个字:“不能。”从那以后，每次看到他在院子里仔细地擦那些刀啊剑啊的时候，我心里就会涌起一股浊气，直顶到脑门。我是不好意思再到外面说我爸会武术了，也不会再拿他做的兵器出去炫耀了。可能只有在没事翻翻他订的那些武术杂志的时候，我才不会用那种刻薄的眼光去看他。后来他也跟我解释过："这武术，有两种，一种是保自己命、要人命的，一种是强身健体、交朋友的。我师傅教的，就是后面的，他年轻时什么都经历过，要人命的，被人要命的……他跟我们说过一句话，就是'功夫越高，命越单薄'。为什么？因为一遇到高人，轻则致残、重则丢命。低手，你说能碰到什么跟高手过招的机会么？"理是这么说的，可我那时根本听不进去。

我们家搬到城北之前的那年冬天，他们家来了一帮亲戚，都是西北口音。那两天，他们家杀了好几只羊。我奶奶跟着派出所的民警去他们家，给那些亲戚做了"流动人口登记"。那些亲戚是从他们老家过来的，个个破衣烂衫，眼神都是凶巴巴的，皮肤黑里透红，说话很吵，像要打人似的……总共男女老少来了七口人，把那两间房四张炕都塞满了。民警特意提醒我奶奶说，有空儿您就去他们家看看吧。她说放心吧，但实际上再也没去过。又过一个多月，我奶奶终于去了他们家。到了之后才发现，大门是从外面锁上的。这是以前从来没有过的事。就这样，她连着三天早晚过去看，那门都是锁着的。第四天，民警从墙上翻进了院子。这才确认，这一家子人，都搬走了。家里什么东西都没留，连炕席都卷走了。锁打开后，我跟奶奶进去看了半天，有的只是空空荡荡的房子、院子，以及还没散尽的那股味道，在那里站得时间久了，会有种错觉，就好像这里整个就是一个粗糙的坑……周围的邻居没人知道这家人是什么时候离开的。当时我脑海里浮现的场景里，除了那些兵器，就是那些山羊……如果真的像奶奶分析的那样，他们是天蒙蒙亮时走的，且不说那么多的东西是怎么运走的，就说那些羊，二十几只呢，他们是怎么弄走的呢？后来，在我的想象里，关于他们离开的场景，就是一个天光未明的早晨，一大群山羊，了无声息地走出了街口，远远的，就像映入水洼里的一朵朵灰白的云，然后慢慢地消失了。

保罗

……有时候，身体会忽然在时间里制造出巨大的凹陷处，然后慢慢地滑落其中，变成一个黑暗的斑点，而周围则是解体中的空间，所有的碎片都变成了不同类型的屏障，你在它们之间寻找着其他的可能性，但是一无所获。下午，有人在电话里说，保罗这个老家伙把雪茄烟头弄到了那位姑娘的腿上，这个疯子显然是故意的，她的丝袜被烧焦了一片，他还把一杯热水倒在了她身上，还推搡着她……这个故事在短时间里被不同的声音反复描述，在你的耳朵里发出空洞的回音，可还是阻止不了各种困倦的袭来，就像温吞有力的海浪，它们一阵阵淹没你的头，带着陌生的腥气，然后把你推向低垂的灰亮云层下的沙滩上……你背着包，乘电梯上楼，或者只是穿过长长的寂静走廊，走安全通道，你清晰地感觉到，周身的筋骨正顺从肌肉血脉的意思一起绵软下去，整个人可以随时随地躺在哪里睡下，你看到另一个空间在为你悄然敞开，同时也看到保罗手里夹着雪茄烟在走来走去，而那个姑娘在对你做出无奈的表情，你听不清她在说什么，好像是说所有人都知道了这些，这下子我可出名了……你看到了办公室最深处有个沙发，于是就走过去，把包放在上面，然后自己躺下，头枕着包，你说我可能在发烧了，现在，就是现在，此时此刻。你好像听到有人在唱歌，是保罗？他从洗手间回来，拉住另一位小姑娘，给她唱爱尔兰民歌，他喜欢这样，有人说他们这个民族就是这样的，走到哪里都会唱个不停，当然比这个更厉害的，还是他说谎的本事吧，哦，我们完全可以做一个非常伟大的活动，你明白吗？它可以包容几十万年的人类历史，只要你想我们就可以做到，那些阿拉伯王子都会支持我们的，他们的爸爸亲王们也会的……但是他为什么要用威胁的语气让那个高大的年轻人不要再说话呢？他的鼻子大得让人觉得整个脑袋都是它的陪衬，他的领带上的图案是各种各样的马，它们在奔跑着，白色的小马们，他对它们吹着气儿，就好像它们真的能跑似的……可是你实在睁不开眼睛了，你闻到了古怪的味道。你感觉这座原本就过于巨大的建筑此时正在开始繁殖，里面的每个空间都在生出新的空间，就像最不可思议的魔术似的，它们重新组合在一起，建筑里生出新的建筑，而你的任务已经明确地被告知了，那就是必须在天明之前住遍所有的房间，这听起来像是传说中的布达拉宫式的无法完成的任务，但你却丝毫不担心什么，因为你在睡梦中清楚地知道，所有的房间其实只不过是一个房间的变体而已，你根本无须离开，甚至不需要变换个睡觉的姿势，你只要在黎明时醒来，这个任务就完成了，关键是你要及时醒来，要是你做不到这一点，那么所有房间的门将会永远地关闭……这座建筑好像转眼间就沉入了水底，以便于你不受任何干扰地完成这个任务。它们像一簇簇花朵似的不停地开放着，就好像每一面墙壁都是花瓣和叶子，而你在底部不断地出着汗，浑身都湿透了，你的汗在浇灌着它们，让它们无法遏制地生长着，有人告诉你，只不过是一个小时的工夫，它们就有一万个了……是指房间么？当然。可是，你若无其事地看着那扇若有若无的门，我早就为它们准备好了一个深渊，只要我愿意，它们就会一个都不剩地被吞没……你知道我为什么能容忍它们这样肆无忌惮地出现在我面前么？就因为我只是希望它能安稳地待在那里，不要对我兴风作浪，有时候我也会忍不住悄悄看它一眼，还好我没有眩晕症，否则就很容易坠落到里面去的，非常容易，我知道它是怎么一回事儿。最后，正如你所料想的，你是跟鸟们一起醒来的，这不需要分出先后，在天蒙蒙亮的时候，你知道无数个房间重新融合为一个了，就像你肢体的一部分，再也不会有什么意外发生了。你可以重新睡下去，直到你愿意醒来的时候，比如说下午，两点十五分……你坐在楼下的茶几旁边，喝着新泡的红茶，感觉它们在你的体内冲刷着梦的痕迹，而整个世界又一次变得异常清晰起来，就连那只白色的陶瓷杯子都像坚硬而空洞的岩石一样回荡着某种声响，那个凹陷处已然消失了，时间恢复了常态，变成了一个平滑的表面，你现在又可以去做你想做的任何事了，你甚至随手翻开一本书，测试了一下，没错，每个字都恢复了它的本来面目。

漫游

……在起点上开始倒退。他把身份证递给窗口里的女人，看着她把它摁在扫描器上，听她说票款会返还到信用卡里，就下意识地追问了一句，为什么？他的身后，有十几个人排着松散的队。因为你用卡支付的。他好像没有听明白，解释说是让别人代买的。那也是要退款到代买人的卡里。“为什么呢？”他听到自己的这句问话时也有些诧异，这才意识到之前自己的大脑完全处在停滞的状态……更准确地说，应该是清空状态。其他退票的人随即把他挡在了身后。站在幽暗的大厅里，他失去了方向感。像只蚂蚁，他从另外的视角上重新俯视了之前的场景，在浑浊深静的水边，他跟那些人像蚂蚁似的被那簇光亮吸附着，然后只是一个简单的声波，就把他推回到了水中。他感到自己在倒退的过程中，只不过是面对着倒退的方向，其实并没有什么方向，他感觉到了某种动荡，一漾一漾的……然后他觉得自己就像一颗豆子忽然滚落到巨大而寂静的空间里，连点回响都没有，他走过光滑暗淡的大理石地面，转悠了很长时间才找到浮动电梯，经过出发大厅里半是凝滞半是涌动的人潮，继续向下，进入地铁车站，重新安检，然后在一节空空荡荡的车厢里找到了个靠边的位置。没多久，他就睡着了。在断断续续的梦境里，他看到很多地方都有阳光在闪烁，发出类似于水泡爆裂的轻微声响。在这条最为漫长的地铁线上，他忽然在某个醒来的间隙里意识到自己在漫无目的的倒退中拥有了整个城市。这个富有预见性的想法在一个多小时之后得到了验证，在他浮出地面的那一瞬间，看到阴郁的天空逐渐展开在头顶，湿润的风毫无寒意地吹拂着他的发根，一个城市就这样完全陌生地出现在他的面前。只有完全陌生的城市才是完整的，因为它的任何细节对于他来说都是一样的，也正因如此，他才可以说自己看到了一个城市。他在它的表面上，但无法进入其中。没有哪个点是他想要进入的，因此也就意味着任何一个点都是封闭的。什么都没有发生。他倒退着却无法退到任何一个点上。他可以是这座城市里的任何一条线上的任何一个移动或静止的点。不停地换着交通工具，出现在完全无法识别的街道上，一些风很大的路口，一些高大深暗的建筑物，后来在天黑前他看到满天的碎云都在发着淡金色的光，动也不动地待在那里，他估计直到自己睡在一面很大的镜子面前时它们也没有移动过……他让电视机开着，在这间没有窗户的狭窄房间里他听着换气风扇在嗡嗡地响着。次日中午他重新来到外面时，发现整个城市的一切特征丝毫都没有发生变化，除了滴了几滴古怪的雨。他知道自己仍然有着漫无边际的时间和整个一座城市。在另外一个街角，他想起昨天出发前听到的一个关于奔跑的故事，仿佛真的就看到了那个人，不，是那个小孩，从春天原野上的一个洞穴里拔出脚来，然后慢慢地后退，退出足够远时才转身没命地奔跑起来……或许真的就是踩到了一条盘着的柔软的蛇吧。而这最为漫长的一天里，他知道自己还能做的，就是在这座陌生的封闭的城市表面无尽地漫游，直到城市在暮色降临的过程中逐渐裸露出那些熟悉的东西，而它们当然有可能会重新收留这个表情安静的不再想说什么的人。

老 R

*

……老 R 把楼下那家素菜馆的水电给停了。原因是拖欠房租。第二天素菜馆门上贴了张告示：老板静修，内部整修。他电话告诉那个老板，月底之前，补缴房租，否则起诉你。说完他就把电话挂了。那里的门口，摆着佛龛，每天供果烧香。不远处的竹架上，摆了些免费取阅的通俗佛学印刷品。老板夫妇据说都信佛，也不知是哪派的。老 R 初次跟老板碰面时，那个胖子手里正拿个转经轮，在那不住地摇，转得老 R 头疼，就说，你不要转它了好么？老板被他的眼神刺到了，手就停了。什么时候缴房租？他问。老板答道，我是居士，不会欠房租的。他说这我不管的，说个时间吧。老板说，两周之内。期限到了，还是没缴。他又去找。这回碰到的是老板娘。她手里拿的是一大串紫檀木佛珠，正在那里打坐——用他的话讲，就是盘着腿翘着两个脚丫子。他还发现，上次戴在她老公脖子上的那条深灰色的国外名牌围巾，这回绕在了她的脖子上。她说，我们都是居士，不会不缴房租的。他说你把脚放下来再说话吧。他盯着她。她只好把脚放了下来。我不关心你们信什么，是什么，他说道。我只想再问一次，什么时候缴房租？这个月底吧，她答道。他说好，事不过三。就这样，过了月底，他又给了他们一次机会，但他们依然如故，就喜欢在电话里玩拖延术。于是他就把水电停了。他们呢，再也没露过面。

**

老R有五十几岁了。瘦，干净。当初看他每天都是雪白衬衫、脸刮得光鲜、腰板倍直的样子，就觉得他很可能是当过兵的。很多人这么以为的，其实不是。他就是爱干净。他的脸部线条简洁锋利，语音低沉略微有些沙哑。来到这里之前，他是做什么的，似乎没人知道。大家只知道他是个看上去非常严肃而实际上心态非常轻松的人。他走起路来很是轻飘，不管穿什么鞋走路脚下都好像没有声音。在偌大个商场，他每次出现或消失，都有种来无影去无踪的感觉。一个人走路时，他喜欢轻轻哼唱几句，但没人听得出他唱的是什么。有人出现在他附近时，他会歪着脑袋，不动声色地悄悄打量一下。他有个漂亮的女儿，在北京读大学，还是个兼职的平面模特。偶尔有熟悉的同事问及时，他会很得意地找出手机里的女儿照片，看的人都会忍不住说，漂亮。他就抿起薄薄的嘴唇，摇摇头，笑一笑。有时他还会若有所思地说，好久没看到女儿了。她已经工作了，在一个有名的模特公司，韩国人开的。

***

……地下一层的那家川菜馆老板，是个新加坡女人。胖，话多，爱哭。特别爱哭。她也喜欢拖欠房租。平时她露面的时候很少，露面的原因，基本是因为老 R 找她追缴房租。见到他，她就关上办公室的门，然后放声痛哭。老 R 习惯了，就坐在她的对面，默默地注视着她。她每次哭得都很投入，会浑身颤抖，泪涕横流。通常是一波痛哭过后，接下来就是边哭边诉苦。她说自己是个孤家寡人，六亲无助，命运坎坷。或说生意不好，这里人气惨淡，入不敷出，月月都在贴钱。或说身体不好，失眠，心脏病，有时候还会抑郁。哭诉过后，就是不住地叹息。他就像什么都没发生过一样，等她渐渐平息下来之后，抽两张纸巾递给她，然后慢悠悠地说，好啦，现在可以说了，什么时候缴房租呢？她呢，通常会沉默几分钟，然后委屈地答道，下月初，肯定缴。但实际上她至少还会拖延一个月左右。基本上老 R 每收到她一次房租，都会经历她三次痛哭。这么多年来，他就没见过哪个女人像她这么能哭，这么喜欢哭，每次又都是这么投入地哭。所以每次看她痛哭的过程中，他都像在研究一个课题似的，极为专注地观察着她的每个细节变化。偶尔，他也会被她的痛哭忽然触动，想一下自己是不是也该这么哭一次？应该也是件痛快的事吧。但他随即就意识到，自己根本做不到。另外，他还发现，每次哭过之后，她的脸在恢复平静的瞬间，都像一张白纸，不是说颜色，而是说那种感觉，就像变成了空白的似的，仿佛眼睛、鼻子、嘴都变成了透明的，变成了空气。直到他们穿过厅堂的时候，她的脸才恢复正常，威严而又阴郁的，让看到她的员工都不由自主地有些紧张。钻进电梯之前，他每次都会忍不住忽然回过头去看她一眼，就好像要重新确定一下她是不是真实的存在。

朋友

……他向前拉了拉帽檐，那是顶薄薄的、紧贴头皮的圆帽子。喝了口小玻璃杯里的白酒，他侧歪着身子，看着对面的几个人。即使是在帽檐的阴影里，他的脸仍然显得苍白多皱。“我小时候，是个新疆喀什的野孩子……我妈妈结过四次婚，”他停顿了一下，“我爸是个军官，所以我是在屯垦农场里长大的，从小就会打枪。我是跟当地小孩子玩大的，不然也不会有这样的口音了，有点吐字不清的，对吧？我能讲话么？”他扬起右手，冲着主人挥了挥。主人摇摇头，并没看他，只是低着头，若有所思地吃着东西，嘴里塞得满满的，光头上冒着汗。他低声对旁边的人解释，主人之所以不让他讲话，完全是他的问题，上个月，他们去一个博览会，在一个画廊的摊位上，他拉着主人对人家说，这位可是大老板，你们要招呼好，他能买很多东西。结果人家就围着主人不放了。好不容易跑出来了，主人就对他说，你以后不要再讲话了，好么？说到这里，他又喝了口酒。“主人，我可以说话么？”主人晃了下头，继续吃着东西，那些细小的汗珠轻轻地抖动着，然后时不时地滑到脸上。“我在喀什读中专的时候，有两个好兄弟。现在有一个在上海，昨晚我还去医院看过他，基本上不行了，吃什么都吐。我陪着他待到半夜，他才说出了几句话，是用古文说的，我没听懂。好像是在背诵什么书里的句子。还有一个，我不知道他在哪里。他那时是个性格特别奇怪的家伙，跟谁都处不来，就跟我挺好，我也不知道为什么。在宿舍我们住在一起，四个人一间，有个人休学了，就我们三个。他从来不跟那个人说话。那人也很讨厌他，轻常用很轻蔑的眼光看他。他也没什么反应。他爸是检察院的领导，手里有把枪，他就经常偷出来，带我出去打枪。他不喜欢说话，我们把两夹子弹打光了，也没说上几句。后来有一天，他终于觉得练好了，就自己走开了，也不理我。他是直接回了学校，到宿舍里，找到那个人，一枪就把那个人打倒了。后来他爸找医院里的人，证明他有精神病，这才免了罪。他被送到一个部队的疗养院，被关了三年多。那时我已经到乌鲁木齐了，跟他也没再有什么联系。但我经常能从别人那里听到一些关于他的消息。后来我听说他喜欢上了一个部队里的姑娘。”桌子上的菜都冷了，表面的油凝固成了薄膜，包裹着它们。他又说了一番关于友情的话，当然基本上都是些陈词滥调，但也还是能打动人的。说到最后，他把脸靠近了旁边一个人的面前，那人伸手摸了摸他的脸，看上去比之前更苍白了。他自己倒上一杯酒，跟大家示意干杯，自己就干了。“我那个朋友啊，就那么喜欢上了那个姑娘。他经常去看她。人家对他呢，也不是很在意，但也没躲着他，两个人见了面，也没什么话说。本来他就是个话少的人嘛。就这样过了一年。有一天那个姑娘要调回内地了。他就又去看她。他看着人家把东西都收拾好，装上了汽车，人也上了车。他就掏出一把刀来，把左手搁在车窗玻璃上，切掉了两个指头。然后回头就走了，据说是一个人去了一个离我们那里有两百多公里的小地方。我有十多年没再听到他的消息了。他们是我最好的两个朋友。好了，我不说话了。”

三个年轻人

……他用筷子慢慢翻弄着那碗面。没了鸡毛菜的绿来点缀，汤色明显有些暗淡。是他自己不要加的。三个年轻人，在他旁边那桌吃面。其中一个年轻人对服务员说，我的不要加葱丝。店是台湾人开的，有牛肉面，各种面，也有各种浇头的饭。他眼前除了那碗面，还有两小碟冷盘，一是几瓣切好的卤蛋，一是卤海带丝。他边吃边顺手把里面点缀的葱白丝夹入到面碗里，跟面汤里的那些掺杂到了一起。对于他而言，要是不知道为何在牛肉面里放葱白丝，就是不懂得牛肉面。但他没想到的是，去掉鸡毛菜的绿，葱白丝的这种清爽去腻的感觉也没了，看上去竟然是油乎乎的，全无神采。外行了。三个年轻人低头吃面。最先抬头的，是他斜对面那个，表情有些严肃地挑起面条仔细看着，其实是看汤里的牛肉块。他想说话了，于是他就说了起来，在某某路上的清真寺里，据说有上好的牛肉卖，而且不贵，哪天下班了就去看看。对面的那两个都没抬头，继续低头吃面，吃得并不快，声音也不大。他停了一会儿，继续说道，现在好牛肉真是不多了，据说有些地方卖的都是奶牛的肉，那种老了的奶牛。其中一个终于抬起了头，有些诧异地看了他一眼，然后又把眼光转向了别的地方，说了句“这样啊”，就又继续低头吃面了。他也只好吃面，明显动作比那两位要快一些。待赶上他们的进度后，汤里的面已然不多了，牛肉就纷纷浮现出来，跟他们碗里的情况一样。他还是想说点什么，然后终于抓住了他们同时抬头喘口气的工夫，说了起来：把某某抓起来，其实还只是个开始，大的还在后面呢。其中一位若有所思地嗯了一声，随即又开始吃面，并且马上就要开始吃牛肉了。这是心情最为愉悦的时候吧。他看着那位夹起第一块牛肉时嘴唇油汪汪地蠕动了一下，下意识地吹了吹，其实早就不烫了，那位咀嚼肉时嘴巴的动作扎实而又享受。他说贪婪啊，这些人，那么多的黄金和现金，疯了，据说下一个要动的，就是某某了，看着吧，那才是真正的大家伙呢。另一位也开始吃肉了，一气连吃了三块。这两位互相看了一眼彼此碗里的肉。我的是九块，你的呢？另一位说，好像也是。他也看了看自己碗里，我的是十块呢。他们面无表情地打量了一下他的碗，然后低下头，把自己碗里的肉都吃完了，汤也喝光了。他吃到最后一块时，忽然有些不好意思地笑了，我的也是九块。他们用纸巾擦完嘴上的油，差不多同时站了起来，穿上外套，走吧。说完就推开椅子往外走去。他赶紧把最后那块肉吃了，喝了口汤，嘴都没擦就跟了出去。看了眼他们的背影，他回过头来继续吃面。他想象着，他们走在过道里，那两位走在前面，边走边看手机，而那个年轻人略微靠后一些，漫无目的地扫视着两边的商铺，已没有了之前那种总是想要说点什么的劲头。他注视着他们三个人终于进入电梯，里面挤满了跟他们相似的人，大家都在低头看手机，只有那个年轻人在注视着电梯门上的楼层显示数字，到达那一层后，等其他人都出去了他才忽然醒来似的赶在电梯门关上之前一步跳了出去，表情终于露出些许轻松的意思。想到这里，他把余下的面和肉都吃掉了，并且得出结论：在一碗牛肉面里出现鸡毛菜也还是必要的，当然这并不是味道的需要，而是纯粹的视觉需要，而视觉终归会影响到味道，虽然放青菜是不对的，但放鸡毛菜却是对的，因为后者的样子是小巧的，不会喧宾夺主。这个结论让他心情开始轻松了起来。

房间

……阳台与卧室之间，没有任何隔断，其实就是半个客厅，内侧角落里有两只摆成直角的老式书架，一个有门，一个没有门。居中的位置上是那个木制软绒座的沙发，它左侧的窗子半开着，因为主人跟客人都在抽烟。冷嗖嗖的空气不断透进室内。天色慢慢变暗。打印在手感极好的纸上的那个关于南方的故事，是主人L的一位朋友写的，篇幅不长，没多一会儿就看完了。印象比较深的，是里面的人物早晨透过阳台的窗子，看对面的海员学校的场景，慵懒而冷冷的调子，一点也不像在夏天里。不远处的那个亮起很多簇金黄灯光的园子里，正在举行婚礼，各种致辞的声音纷纷出现，有点含混不清。然后就是一些年轻人献歌了。后来，有个姑娘好像在自弹吉他唱《小苹果》，远远地听起来，仿佛真有个小苹果悬在她鼻子前面，缓慢摇晃着，像个裹了冰糖的山楂，冷冷清清地摇晃……L家里播放的是巴赫的钢琴曲，就是那种仿佛永远在循环滚动的曲子，就是在它们的衬托下，忽然有种怪异的空间想象的效果，就像一个缀满小灯泡的风筝在刚被暮色淹没不久的空中渐高渐远地飘着，而线却不在人的手里，而是拴在了一个慢慢滚动的铁球上。跟L之前的那个大房子比起来，如今这个就好像是截取了其中的一面墙然后重新折叠而成的，这样唯一的好处，似乎是朝外面眺望时，看哪里都感觉很空旷，而树木都被推到了远处，刚好就在那个园子里，先是一些斑驳的法国梧桐，接着就是很多幽暗的冷杉，没有银杏，一棵都没有。临走前的一个话题，是关于人名的某种出人意料的消失方式的。

房子

……门在背后关上，锁芯转动，垂在秋天深处的灰调的园子就嗡的一声包围过来，脚踏过那两级台阶，随便走几步，就把它留在了身后，乱蓬蓬的，遮蔽了那幢房子。没闻到野猫的气味儿，不知道是因为季节的缘故，还是由于正是白天里。空气里有的只是那些树的枝叶以及其他植物逐渐干枯的气息。天真蓝啊，像北方的。之前坐在幽静的客厅里，透过通往后院的那道门上方的玻璃，刚好能看到一小块不规则的四边形天空，蓝得让人出神。它下面有树的枝叶，有别的建筑，正被阳光照得耀眼金黄，下面是暗暗的院墙，里面有轮廓模糊的植物，它们仿佛正在融入墙里，隔着纱门看，越看越看不清楚。

两个陌生人，站在院子外面，隔着栅栏，朝里面观望，同时在等候着。他们穿着熨烫得笔挺的西装，留着精心修剪过的发型，背着手，不时说着什么，让人忽然想到《城堡》里那位土地测量员 K 的两位助手。他们身上的阳光跟这幽暗的客厅对应起来时就有了种空间略微倾斜的效果，这幽暗的客厅仿佛是个逐渐上升的通道，而他们就在明亮的尽头，就像是站在跷跷板扬起的那一端上。过了一会儿，他们终于等来了另一些陌生人。门开了，他们鱼贯而入，站满了客厅的入口处。中介领着他们楼上楼下看了一遍，然后又回到了客厅里。他们表情严肃地东张西望，低声交谈，转眼就把这里变成了一出肥皂剧终了时的现场，他们带着沉重的香水气息，在他们中间，站着一个同样严肃的中年女人，暗紫色的绸衣裙紧裹着她有些发胖的身体，她总是看向某处出会神，而他们则警惕地看着四周，像似要发现什么可疑的东西。还得找时间再看一次，可以么？这是最后离开时中介的问询。我们会根据您的时间来安排。他们消失了。整个客厅空落落的，发着嗡嗡的轻微回响。

回想起来，这幢房子似乎跟某些陌生人有千丝万缕的关系。见过的，或是没见过的，暂时住下的，或是坐坐就走的，这些人构成了它的另一种场景。即使是都离开后，仿佛也还把气息和声音留了下来，就像那种轻微的嗡嗡的回响，要是影子也能说些什么，恐怕就是这样的吧。来过了熟悉的人其实没什么可说的。他们在这里喝酒，聊天，拍照，或是不声不响地抽着烟，拿着手机出神，或是偶尔站起身来，在宽敞的客厅里随意地走上两圈，然后忽然停在某个点上，对着书架发会儿呆。他们初次来的时候通常都会对前面的院子发出赞叹，因为那些茂密的树木，因为偶尔出现的野猫，甚至还会因为等候主人拿出钥匙开门时的瞬间寂静里旁边人家门窗里的明亮灯光。他们身处其中时，如果从外面隔着窗子往里看的话，会觉得很像是个总是处在散场状态的小舞台，戏演完了，演员们坐在那里，发着呆。他们喜欢这里的宽敞、明朗和宁静，喜欢这里的吊灯，尽管有些灯泡是坏的，可是这并不影响什么，他们也会喜欢旁边的敞开式厨房，似乎对那里的冰箱、灶台、水池、多士炉、旧咖啡壶、电水壶、抽纸以及小篮子里的水果、装在塑料袋里的面包都有不错的印象。书架前那套欧式风格的有着绣花绒面的木沙发平时通常都是空的，多用来放些书，或者是熟客的背包。要是忽然某一天晚上坐满了人，就会很像一出戏剧的片断。

跟一楼挨着大门的那个洗手间比起来，二楼那个下陷式的宽敞沐浴间就显得有些夸张了。要是谁有兴趣住在里面，似乎也未尝不可。在浴缸跟洗手池之间，有个二十公分高的平台，镶着微黄略褐的边，始终都不清楚是做什么用的，即使在里侧有个晾满衣服的铁架，似乎也说明不了什么。要是主人每天晚上拿本书躺在那里，或者直接就躺在浴缸里，那效果就会非常的理想了。主人并不是房子的主人，他只是唯一常住在这里的人。除了他的那间经常在床边堆满了书的卧室，其他地方似乎跟他也没什么关系，但也并没有什么不融洽的感觉，或者说他跟这里的一切相安无事，有种得体的默契。或许真正能体现他的存在的，还是通往房子后门的那个平时关闭的小间，里面堆满了书，还有很多没开箱的书，要是幸好碰到他酒后心情愉悦时，他有可能会从中找出一本自己喜欢的旧书，送给你。然后某一天他去旧书店时，就还会再买一本甚至几本同样的，留在那里。

他卧室对面的那间更宽敞的房间是留给老C的。这位朋友只是偶尔出现，从遥远的南方过来，待上几天，画画，见人，或什么都不做。这个房间有个封闭的阳台，其造型有点像个六面体的三分之一部分，这是整幢房子视野最好的地方。站在那里，能看到略微展开的天空，对面的楼房，还有那些路边的银杏树。它们很美，干净，每片叶子都经得起反复推敲，有时甚至会让人觉得，整个小区里，只有它们才是真正的主角，而那些建筑、来往的人、停在路边的车子和偶尔出现的猫，都是微不足道的点缀。秋深时，金黄的银杏叶子会落满某辆车身，看上去像似某种特别的眷顾，但这种眷顾其实只是对于站在阳台上注视着这一切的人而言才存在的，他会觉得它们的点缀让那辆车以及周边的东西都显得奢华，真是美得浪费。

这幢房子最奇妙的地方，是顶层的阁楼。那里除了晾晾衣物，还是老C作画的地方，木制画台上总是备好宣纸、笔墨，还有一些书籍。地板上有张浅色的厚席梦思床垫，是留给熟客借宿的地方。从画台的一角，伸下来一枝可拉抻的黑色台灯，而在床垫另一侧的斜屋顶下面的那些内陷空间里，还隐藏着两盏灯，午夜里不留神开启时，会把那个小地方照得异常灿烂通透，会让躺下的人忽然有种近乎梦幻的感觉。但这里最有意思的，还不是灯，而是人字斜顶上的六个小天窗，它们对称分布在屋脊的两边，当然跟斜顶一样也是倾斜的，因此才能看到不同的景物，有的能看到远处的楼房顶部，有的能看到附近那幢酒店大厦的局部，余下的则只能看到天空。遇到有月亮的时候，躺下去就刚好能看到，小小的一轮明月，正在那里，对着你的脸庞。起初还会担心这样能否睡得着，其实根本没什么影响。待你再次睁眼睛，外面已是明朗的早晨了。听着周边树冠里的鸟鸣，看着蓝得纯净的一小块天空，在残留的睡意里，会觉得这样的一天应该会很长很长。然后还可以睡一会儿，直到听见楼梯发出脚步声，听到水龙头发出流水声，随后浮现的还有底层的音乐声，带着咖啡的香气……然后你会有点不情愿地从床垫上爬起来，穿上衣服，慢慢地下到沐浴间里，洗漱完毕，吃过主人备好的早餐，喝过咖啡，抽过烟，就把自己又一次抛到了白天里。这样的时候其实并不多，但确实会有几分说不清的留恋的感觉，或许只是为了这里的那些小天窗，灯光，天空，书，酒，某种熟悉的气息，还有周围的那些银杏树吧。

从外面回来，悠闲地穿行在小区里，在又一次感受到那种熟悉的惬意时，他谈到自己的那些书要是装箱的话会有一百多箱。他觉得可能真的不需要那么多的书，留下两百本，或者四百本，就足够了，其他的其实都可以不要了，要是有人喜欢，就都送掉好了，卖给旧书店呢，又不值几个钱，没什么意思。要不是我们的书多有重复，就都给你了，他这样说道。看着那些银杏树，他又说，这是它们最好看的时候啊，还可以多看看。再过几天，他就要搬到一个新的住处了。那也是个他一见就喜欢的地方，他觉得自己可能会在那里住很久，或许会一直住在那里，不走了。

房子 2

……我比他们至少要晚到了两个多小时。路上的时间比我想象的要长得多，因为是周五，出租车每走几分钟，就要停上半天，大半路程就是这样晃晃悠悠地度过的。外面远近错落重叠的各色灯光不断地变幻，有那么一会儿，我几乎就睡着了，恍惚中感觉它们的芒角正慢慢编织在一起，就像网一样，而努力向前的车子则一次次地把它拉抻得变形，挣脱了就会再走段幽暗的路，然后又重新坠入了新结的网里。在临到之前，还忽然想到另一个朋友 Y，也是很久未见了：来喝酒吧，他们都在。Y 说要晚些才能到。没关系。我并没觉得接下来大家真的会喝多少酒，没有感觉到这个气氛或者说愿望，更多的还是聊天……我也没有明显要喝点酒的冲动。

又一次，我在转过小区里的那个路口之后，看到了这幢房子，跟以前一样，因为被院子里的茂密树冠遮掩，没法看清，除了客厅窗户，那里透射出金色的灯光。一只猫在黑暗里忽然叫了一声，就像被什么咬到了，可是看不到它在哪里。隔壁的院子里坐了一些人，借着敞开的门里透出的灯光，也只能看到他们的轮廓和发亮的头发边缘。我去按门铃的时候，也没听到那些人的说话声，真是奇怪，不知道他们坐在院子里在干吗。只是为了喝酒么？即使是换了个角度，也还是看不清他们的脸。

门开了。里面的人很多，直到来到那个堆满食物和烟酒的长桌前，我都没看清到底是哪些人。除了几个最熟的脸，其他人的脸，是慢镜头式的一个个浮现的，哦，是你啊。在此之前的匆匆扫视之下，那两个陌生人却造成了一片陌生的视觉效果。六七个人在聊天形成的场效应就像个大气球，能让你很自然地选择待到边上，去面对那些凌乱的食物：几小盘冷却的饺子，两盘吃剩下的蔬菜色拉，两盒还没打开的蔬菜色拉，颜色很深的咖喱鸡块，还有一串紫色的葡萄，几片切开的水果，两个没有剥皮的香蕉，烤过的面包片，几个易拉罐饮料，以及各种酒杯，空着的，半杯的，几包不同牌子的烟（H 抽的当然是红双喜，万宝路是 B 的，KENT 是 L 的），靠近后院门那边的一角上，搁着两本 L 最近在看的书，其中之一就是那本至少名字很耐人寻味的《小于一》，它的主人 L 此时正端着酒杯，从这边晃到那边，再晃回来，但很少说什么，脸有些发红了。背景音乐很是应景，但没听出来是什么风格。

会有这样一种感觉，当客厅里的人数超出正常时，你就会觉得这幢房子完全地不存在了，这里变成了另一个地方。你会记不住自己说过些什么，跟谁说的，也记不得别人跟你说过什么，而且你会时不时地寻找些视点，让自己的视线停下来片刻，就好像只有这样才会让原来的那幢房子有可能重新慢慢浮现出某个局部，然后在接下来的时间里还有可能恢复为一个整体。印象比较深的是 S 的一句半开玩笑半似真的话，原话想不起来了，大意是，我们只是熟悉的路人……原话显然比这个要说得好，但确实想不起来了。S 说有个很好的故事，已经讲给 L 听了，现在不想重复，但可以让 L 讲给你听，是你无法想象的。哦，是么？但我真的只想对她说：你确实很像个巫师。当然这也是重复了。类似于这样的对话，就像是某种厚织物上的细小跳线，如果没有游离的习惯，就很难察觉它们的存在。

后来，陆续走了一半的人。有两位要赶奔别的地方，其余四位则是要赶地铁。好像喜欢说话的人都走掉了。这些人离开后，这个房子里才安静了下来。无论你看向哪里，都能感觉得到它的空间迅速地恢复了，每个细节都恢复了原样，当然你也可以说每个细节都是新的。但这种“新”显然跟仍在这里的各位已没什么关系了。莫名的疲惫感弥漫在这些人之间，或者说我在用莫名疲惫的眼光打量着每个没有离开的人。任何玩笑都没有什么可笑的。或许人人都只是需要休息，在没有别人的地方。最后，我们在离小区不远处的那个十字路口路边摊吃的夜宵。金灿灿的街灯光线洒落在每个人的衣服上，还有脸颊上，也留下了一些这样那样的阴影。尽管在他们的光影中我发现了一些舞台戏剧的视觉效果，可我还是在吃了几个小馄饨和几口牛肉汤之后，忍不住困得摇摇欲坠了，在匆匆钻入出租车，跟他们道别的瞬间，我感觉周围的建筑物都在以散发变幻莫测微光的方式走向了解体。

夜里

……听不到风声，但听得见呼吸，只是勾勒不出其中的阵阵线索。它们胜过说话，它们是来自泥土深处的风，是麦管里的雾气。它们留下麦粒，在皮肤里发育，而黑色斑点似的轰炸机在艾草的烟雾里逃避，没有炸弹可投。在水底，雪菊腐败之前散发着浓郁的芳香，把大颗的汗珠催生出毛孔，它们像蜗牛那样慢慢地爬着，留下透明的路线。不爱入睡的孩子，在等待拥抱，还有爱抚，把小手伸到空中，划动空气，不住地说着什么，没说什么，而沉默的蜘蛛悄悄吐丝，然后下雨了，睡醒的人透过夜色看着睡熟的孩子，看不到表情，只能听到呼吸……于是他把小船推离岸边，感觉腿上贴满了水草，听着汩汩的水声，小心地爬上了船。

四个片断

*

……最先觉到变化的，是蚊子。只是不知是哪一只、何时来过。一个包，慢慢浮现，隆起，在右侧颧骨位置上。感觉到了某种异样，这才伸手去摸，于是就摸到了，木木的，粗糙皮肤上的一个细腻的包。刚刚除去了蓄积几天的浊气，就被它逮了个正着，吸饱了血，走掉了。说明过去的那些日子里在异地奔走，之所以没被蚊子咬过一次，只是因为满身都是恶浊之气，血都是臭的。跟你说没事儿了，也真的就是没事儿了，一副清空的皮囊，什么事都不会有了。原来费心费力装塞进去的，都不过是腐败的垃圾。带着它们体面地走动，肚子凸起，神情似坦然，貌似无可无不可，但也还是能感觉得到寒气在里面暗自聚集着，岁月不饶人。

**

……啤酒桶里最先流出来的不是黑啤，而是泡沫，黏稠而白腻。只是在杯子底部，能看出一层深褐的液体。风吹着不远处的树，还有灌木，草丛，很多小灯泡在栅栏上摇动，圆圆的月亮已在东北方向升起，不过巴掌大小，暗黄的，光色浑浊。下面有些影子般的吊车、柱子，还有些低矮的建筑物。杂七杂八地吃东西，喝啤酒，等到烤熟的羊肉上来，几口就腻了，只好什么都不吃了。就坐在那里，侧仰着身子，吹着九月初的晚风。人们说着话，在淡金色的不均匀的光线里，声音都不高，仿佛彼此都不相干。想到旅途劳顿的人去看望生病的室友，不免也有种疲惫中来的感觉，于是就离开人群，来到宽敞的大房子深处，躺在沙发上，看着天棚。左手臂上，内侧，不知什么时候起了两个小包，但不是蚊子咬的，而是对酒精过敏的反应。一大一小，扁平的，后来，小的慢慢消失了，大的还在，始终都在，直到午夜时还在，当时几个人正在打牌，不时把桌子拍得山响，突然笑个不停，根本不去想什么明天的事，这就对了。外面的人都喝醉了。他们互相问候，不停地问候，重复着同样的蠢话，因为根本没人听。

***

……他只睡了几个小时，就爬起来，出去跑步，天刚亮。

两个多小时，跑了十八公里，从江北跑到了江南，他说看到了很多漂亮的姑娘，她们原来都在南面，他不停地找她们问路，然后跑下去，直到跑回旅馆。每到一个城市，他都会这样。两天后，他午夜出门，去机场，赶早上五点多的航班，飞到香港，去跟父亲汇合，他们约好了，要一起跑步，跑完一条地图上标好的路线，爬上山，然后再下来，一直跑到海边。当然这一点都不让你惊讶，之前你就知道他热爱运动到了什么地步，休息日他会先骑上二十公里自行车，然后再跑上十公里，或是一气打三个多小时网球，或是徒步走上半天。总之他就是那样的一个人，有使不完的力气。他非常结实，但看上去只是瘦高的样子，像个放大版的卡通人物，给他个披风就能满城飞的那种，但只要躺在床上，他马上就能睡去，手里还举着手机，头靠着床头靠背，身体笔直。跟他比起来，你在白天里走路时，也像在飘浮，晚上睡到床上，也像在飘浮，即使是在梦里，也是类似的状态，躺在竹排上，在雾气弥漫的凌晨，漂浮在温吞吞的江面上，把一只胳臂垂入水里。

****

……没有消息，去向不明，他觉得这没什么可奇怪的，他非常能理解，我也会这样，他说，在不知道如何回答问题的时候，就保持消失的状态。他的声音断断续续，像在山里，其实他只是钻进了电梯，出来后又钻进了车里。他说话时仿佛不用张嘴，只是喉咙里咕哝出声音，就像刚刚从睡梦中醒来似的，软软的、含糊的。人有时就需要去向不明，需要没有任何消息。需要变成一个黑洞。需要。要是需要有座高山，那就会有座高山，甚至是喜马拉雅山脉，然后爬上去，杳无音信。他当然不会用这种方式，因为他每天都在忙碌，仿佛不能有任何的停顿，停顿是不可理解的，也是不可承受的，所以杳无音信就是为了让那些原本不现实却又在反复叠加的想法慢慢凝固然后再自然脱落，这样你自然也就知道了原委，不需要过多的解释了。你失手打碎了一只小的陶杯，只是几厘米的高度，它掉到了桌面上，裂成了两半，可是他说这是个好兆头，因为这时你只要抬起头，就会发现月亮还是圆的，在那里待着。其实所有的疑问都是多余的。要是有个等边三角形存在，那么三条边都应该是虚线。

晚归

……可能是有风的缘故，那只鸟不到凌晨三时就叫了。估计是睡在闷热的深夜里，感受到凉风忽至，于是它就忘了时辰，就那样叫了起来。通常它是要到四点左右才会叫的。一直不知它是哪种鸟，巢在哪里，只知道就在不远的高处。它的声音不尖锐，也不低沉，听着很温和，有点像年轻女子早起清醒后的嗓音。风在外面吹着，可屋子里还是闷闷地热着。转念的工夫，那只鸟又没了声息。热。只好打开电风扇，让它摇头吹。风就一波一波地吹来，风扇的声音有点像几百米外的夜班轮渡发出的。罩子上有细细的黑灰，是去年夏天留下的。在琢磨那只鸟还会不会忽然又叫起来。可是它始终都没再发声。或许对于它来说，刚才的鸣叫有点像人说梦话吧，本来就没有真的醒来。晚上在江边的时候，其实已经起风了，裹着很多湿气，把四周的幽暗植物吹得颜色更深了，而江对岸的那些光彩斑斓的高层建筑看上去仿佛有很多雾气，一阵阵地迅速缭绕着，不断聚成云团涌上空中，汇入那些大团大团的云，向西北而去。想起最近读的王船山的《张子正蒙注》里，有这样一句，印象很深：“万物形色，神之糟粕。”此糟粕，本意为酿酒留下的渣滓。此句下船山的注是：“生而荣，如糟粕之含酒醴，死而槁，如酒醴尽而糟粕存。其究糟粕亦有所归，归于神化。”无论张子原文，还是船山的注，都是很耐人玩味的话。沉潜万物而能超脱形色，可谓出神，酒入肺腑而糟粕入土，可谓入化，是谓神化？如不去通览明了前后文的深义，仍旧不过是某种貌似深奥的断章取义而已，难解“知其所以然而然之妙”。最繁华之处深夜时也难打到车。还是公交车可靠些。不管载了几人，到时就会出发。司机喝完水，在调度室里签过单子，再在风中抽根烟，就发车了。本想坐到方便打车处就下去的，可一坐下人就懒了几分，于是就一站一站地坐过去，觉得也可以到再近些的地方打车，十几站下来，打车回家，临了一看计价器，还是跑出来不少路程。路边的水果店灯还亮着，可是来到近前，发现门已锁了。旁边小餐馆的老板说，早关了。那怎么灯还亮着呢？哦，懒得关吧。透过玻璃门，看了看里面的应季水果，西瓜、桃子、葡萄、苹果之类的，在明亮的白色灯光下看起来却是有些朦朦胧胧的。园区里的路灯发着金色光芒，笼罩着那些在风中晃动不已的茂盛的香樟树冠，把大片的阴影投在了地面上。一只猫从阴影里忽然走出来，然后转眼就消失在路口幽暗的拐角处。风吹得人很舒服，就想坐在花坛边上看会书，这样想着，脚步却并未停住，其实想想也就可以了。还是回到自己的灯下慢慢地看吧，过不了多久，那只鸟就该醒了，一直鸣叫到曙光初现的时候。